日本で本当にあった拷問と処刑の歴史

日本史ミステリー研究会編

JN131870

はじめに

現代の日本では、罪を犯して刑罰を受けるとしても、殴る蹴るなどの暴行で痛めつけられることはない。死刑は例外だが、それでも受刑者に不必要な苦痛を与えない方法で、刑は執行される。

現代人にとっては当たり前のことだが、歴史的にみれば現在は非常に幸福である。なぜなら、日本では長い間、**想像を絶するような「拷問」や「処刑」がまかり通っていたからだ。**

平安時代が終わって公家から武家へと時代が移ると、様々な拷問・処刑が生まれた。栄華や雅《みやび》を好んだ公家と違い、武士が身を置くのは死と隣り合わせの生活である。敵対する者から情報を聞き出すこともあれば、命を奪うこともあった。そんなときに過酷な拷問や処刑が生み出されたと考えられる。

それに過酷な拷問・処刑は、敵対者を殺すだけではなく、歯向かおうする者を抑止するにも効果的だと考えられた。そこで**「火あぶり」「磔《はりつけ》」「鋸《のこぎり》引《ひ》き」といった残虐なものが考案**され、見せしめとして公開されるようになったのだ。

拷問・処刑の基準は地域ごとに異なったが、江戸時代中期に「公《く》事《じ》方《かた》御《お》定書《さだめがき》」という法典が定められ、刑法制度は整えられた。それでも、**磔などの過酷な処刑は許され、笞打《むち》ちなどの拷問も公認されるという状態が、明治時代初期まで続いた**。大正や昭和には拷問は禁止されていたものの、非公式に行われたという記録が残されており、むしろ拷問の禁じられた歴史のほうが短い。

これら法に基づく拷問や処刑以外にも、一般の人々が自分たちの判断で、拷問を行ったり処刑を行うことがあった。それがいわゆる「私刑」である。

私刑の対象となったのは、コミュニティである村や町の掟を破った者、遊郭から逃亡を図ろうとした遊女、牢屋に入った新入りなどである。そして特に、当時禁教だったキリスト教の信者、すなわち**キリシタンに対しては各地で凄惨な拷問が行われた**。

本書ではそんな、**「日本で実際に行われていた拷問や処刑」**について記している。第一章では処刑、第二章では拷問、第三章では上記以外の罰や私刑についてまとめ、第四章では拷問や刑罰にまつわる謎を解説している。

「牛裂き」「釜茹で」「串刺し」「斬首刑」「鼻削ぎ」「入れ墨」「雲仙《うんぜん》地獄」……。なぜこのような残酷な拷問や処刑が生まれ、長い間実行されてきたのか？　何がきっかけでそうした拷問・処刑は消えていったのか？　そうした疑問を、本書では明らかにしていきたい。

日本で本当にあった 拷問と処刑の歴史 目次

第二章　身の毛もよだつ拷問の数々

第三章 厳しい罰と不条理な仕打ち

第四章 拷問と処刑にまつわる謎

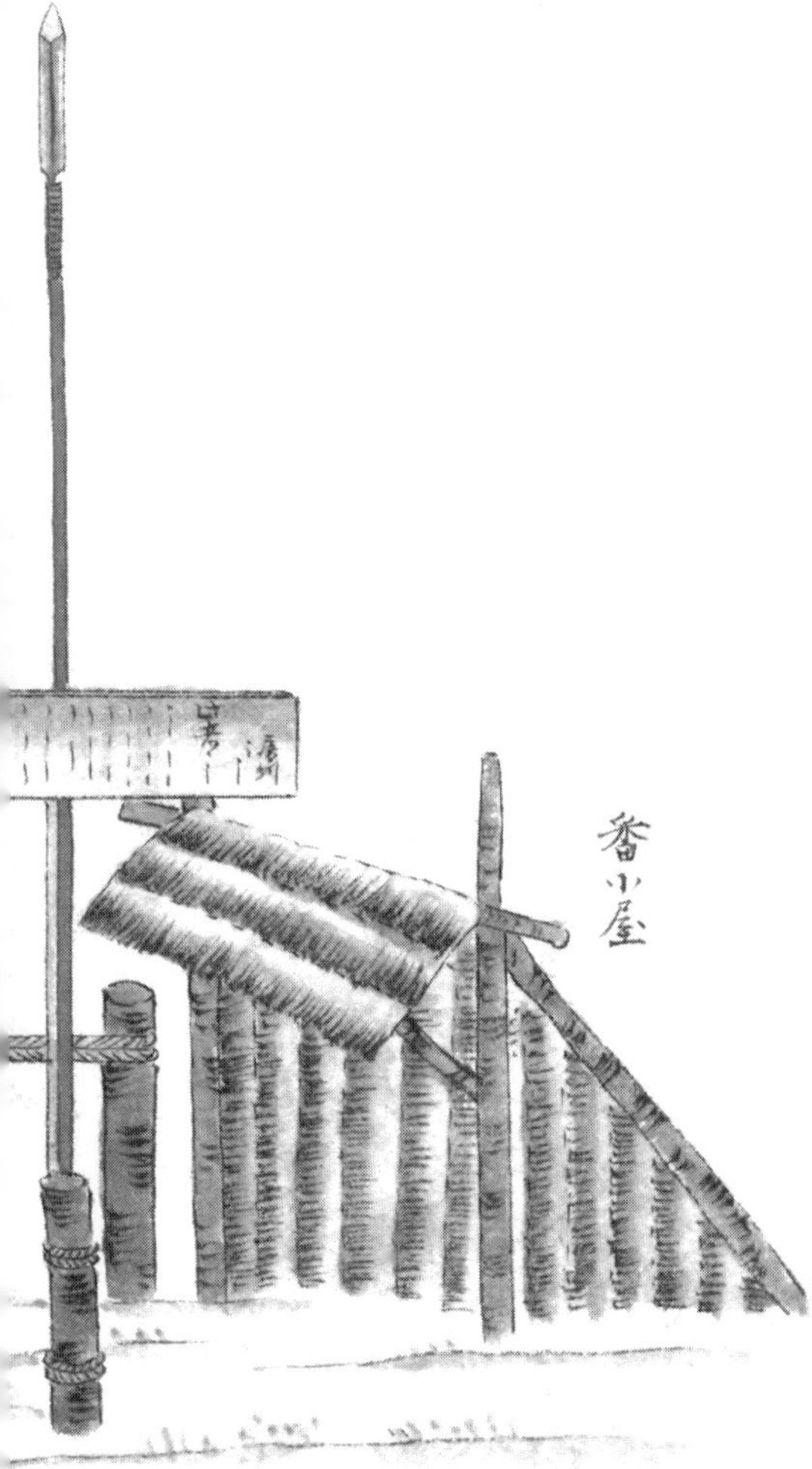

番小屋

第一章 苦痛にもだえる恐怖の処刑

恐るべき拷問と処刑　その①

火あぶり

ひあぶり

人間を棒や十字架に縛りつけて焼き殺す「火あぶり（火刑）」は、洋の東西を問わず行われてきた。日本においても、火あぶりの歴史は長い。8世紀初頭に成立した『日本書紀』には、天皇の世話係の女性が密通相手と火あぶりにされたとあり、戦国時代にも大名が反逆者を**家屋に閉じ込め一族もろとも焼き殺す**など、乱暴な方法をとることがあった。

江戸時代になると、火あぶりは公的な処刑の一つとされ、執行の手順が定められた。火あぶりが決定すると、罪人は市中を引き回され、その後に刑場で竹枠《たけわく》に縛りつけられた。木の柱でないのは、途中で焼け落ちないための工夫である。同じく焼け落ちないよう、縄は泥で濡らされていたという。

薪や茅《かや》を積み上げ、最後に役人が罪人の顔を確認すると、いよいよ風上から火がつけられる。その後は手を加えられることなく、**罪人は焼死するまで放置**されるのだ。息を引き取ると男は股間、女は乳房に焼印を押されて、3日間も晒し者になる。

火あぶりの様子。火事の避難所で一目惚れした男性にもう一度会うために放火事件を起こしたとされる「八百屋お七」も、火あぶりにて処刑されている

極めてシンプルだが、火は何の工夫をせずとも最大級の激痛を生み出せる。蝋燭《ろうそく》の火ですら、普通は1秒も触っていられない。火あぶりでは、それが全身くまなく、何十分と続くのだ。しかも、炎で死ぬには意外と時間がかかる。煙に巻かれて早めに窒息死できなければ、**体が焼かれ、ただれ、全身が黒焦げになっても生きている**ことが多い。罪人は灰になる直前まで、体を焼かれる苦痛に悶《もだ》え苦しみ、絶叫を響かせることになるのだ。あまりの残酷さに、役人が罪人を殺してから火あぶりにすることも多かったという。

火あぶりで処刑される罪人は、放火犯がほとんどだった。

木造家屋が広がる江戸時代には、一つの火事が街全体の焼失につながりかねない。そのため、放火は普通の殺人以上の大罪とみなされ、放火の罪が確定した者は、通常より苦しみの大きい火あぶりで処刑されたである。

恐るべき拷問と処刑　その②

牛裂き《うしさき》

１５７２年、讃岐《さぬき》（現在の香川県）の大名・三好長治《みよしながはる》が鷹狩り（調教した鷹に狩猟をさせる行為）を楽しんでいたとき、鷹が地元武士・勇利権之助《ゆうりごんのすけ》の家に迷い込んだ。偶然その場にいあわせた勇利の家来の少年は鷹の襲来に驚き、棒で叩き殺してしまった。

鷹狩りを台無しにされた長治は怒り狂った。すぐさまこの少年を捕縛すると、世にも恐ろしい処刑を宣告する。「牛裂き」である。

牛裂きは、鎌倉時代前後から始められたとされる処刑法だ。その実態は**「八つ裂きの刑」**であり、数ある刑罰の中でも極めて残酷なことで知られていた。

対象者は、両足（もしくは両手両足）をそれぞれ縄で縛られるが、もう一方の縄の先は牛とつながっている。処刑人が牛へ松明《たいまつ》を近づけると、牛は火から逃れようと全力で駆け出す。その結果、**牛の動きで足が引っ張られて体がちぎれてしまう**のだ。

牛裂きが極めて残酷だとされるゆえんは、犠牲者の壮絶な死に様にある。

手足の筋肉は意外にも頑丈で、牛の力であってもそう簡単には分断されない。代わりに音《ね》を上げるのが股だ。一度股に切れ目が入ると、**紙が破けるように引き裂かれていき、真っ二つになった体からおびただしい量の血と内臓が垂れて、対象者は絶命する**のである。勇利の家来の少年もこのような無残な最期を遂げたのだった。

両足に縛った縄を牛に結びつけられ、体を裂かれる牛裂き

牛裂きの刑は、戦国武将の間でたびたび行われた。美《み》濃《の》（現在の岐阜県南部）の斎藤義龍《よしたつ》や会津（現在の福島県周辺）の蒲生秀行《がもうひでゆき》、そしてあの織田信長も、人力車を使って似たような処刑を実行していた。

1579年、家臣の荒木村重《あらきむらしげ》に反乱を起こされた信長は、一族郎党《ろうとう》を人質にしたうえで即時降伏を要求した。だが、村重がこれを拒否したことで信長は激怒。村重の家臣や関係者を次々に処刑したばかりか、妻子や親族36人を京都の処刑場へ送り、見せしめとして人力車による**「車裂きの刑」**に処したのである。

村重は息子と中国地方へ逃亡し、信長の死後も生き延びたが、家族や家臣は惨《むご》たらしい死を迎えたのだった。

恐るべき拷問と処刑　その③

斬首刑《ざんしゅけい》

現在の日本では「絞首刑」のみに限られている死刑だが、江戸時代は「公事《くじ》方御《かたお》定書《さだめがき》」により、軽重の差をつけ6種の方法で施行されていた。

軽いものから「下手人《げしゅにん》」「死罪」「火あぶり（火罪）」「獄門《ごくもん》」「磔《はりつけ》」「鋸《のこぎり》引き」となるが、「下手人」「死罪」「獄門」はいずれも「斬首刑」。つまり、首を胴体から切り落とす処刑法だ。「首を切る」というと残酷な刑罰と考えがちだが、一瞬で罪人の命を奪うため、当時は「温情のある刑」とみなされていたらしい。

斬首刑の中で一番軽い下手人は、庶民に対する死刑のうち最も軽いもので、利欲にかかわらない殺人や他人の妻との不義密通、10両以上の窃盗、喧嘩口論の末の事故による殺人などが対象となる。死体は、願う者がいれば下げ渡され、弔《とむら》いも許された。

しかし、これより一つ重いレベルの、利欲にかかわる殺人に科せられた死罪では、斬首後の死体は新しく作られた刀の試し切りに使用され、弔いも許されなかった。最後の獄門は、切った首を晒すというものである。

斬首刑に処される者は、立会人の前で3人の助手によって両手を縛られ、ひざまずかせられる。その状態で首を前に出すと、執行人が刀でその首を一気に切り捨てるのだ。ただし、実際には時代劇のように1回でバッサリ、というわけにはいかず、**時には失敗を繰り返し、悲惨な状態となったと**いう。そうなると、**対象者は息も絶え絶えに己の首をぶら下げ、血の海の中、ひたすら次の一太刀を待つしかない**。

こうした状況を防ぐために、斬首を専門にした熟練の「首切り役人」がいて、それが「首切り浅右衛門」「人切り浅右衛門」と呼ばれた山田浅右衛門《あさえもん》（朝右衛門）である。

ちなみにヨーロッパ圏では、斬首法は主に貴族の処刑に用いられたが、やはり執行人が失敗するケースが多発。死刑囚に余計な苦しみを与えたと群衆が怒り狂い、執行人を殺してしまうこともあったという。こういった不手際を排除すべく、フランス革命の際に提唱されたのがあの**「ギロチン」**である。

斬首刑は時代劇のように１回で成功するとは限らず、失敗を繰り返すこともあったという

恐るべき拷問と処刑　その④

鋸引き《のこぎりひき》

室町幕府の有力者・細川晴元《ほそかわはるもと》はある日、敵対する三好《みよし》家の家臣・和田新五郎の捕縛に成功した。晴元は日頃の恨みを晴らすべく、和田を一条戻橋《いちじょうもどりばし》へと連行。見せしめに**鋸《のこぎり》で首を切り落とした**。これが、公的記録に残された初の「鋸引き」だとされている。

鋸による斬首は、刀による斬首より残酷だった。刀での斬首は処刑人の腕がよければ一瞬で首が落ち、苦痛は最小限で済む。対して鋸は刃が粗く、人体を切るのに時間がかかる。対象者は即座に絶命できず、**首が切り落とされる感覚をじっくり味わいながら、死の恐怖と激痛の中で死んでいく**のである。時には両手両足が先に切られたり、首の代わりに腹や股が切られたりすることもあったという。

考えただけで背筋が凍るが、もちろん誰でも対象になったわけではなく、暗殺者や謀反人など大罪人に科せられることが多かった。

例えば織田信長は、自身を狙撃した鉄砲の名手・杉谷善住坊《すぎたにぜんじゅうぼう》を鋸引きに処している。

使われたのは切れ味の悪い竹製の鋸だったというから、苦痛は凄まじかっただろう。

信長よりも大人しいイメージのある徳川家康も、鋸引きを執行している。その方法はかなり特徴的で、なんと、**普通の町人を処刑執行人に仕立てていた**。

家康から鋸引きの刑に処されたのは、大賀弥四郎《おおがやしろう》という家臣だ。大賀は経済能力を買われて重宝されていたが、他の家臣たちから妬《ねた》まれて、次第に孤立を深めていった。不満を募らせた弥四郎は家康さえも疑うようになり、ついには武田家の引き抜きに応じてしまった。

信頼していた弥四郎の裏切りを知って、家康は激怒した。すぐさま弥次郎を捕らえると、頭だけを出した状態で体を埋め、首の傍《かたわ》らに、**「自由に首を切ってよい」という立て札と鋸を置いた**のである。

弥四郎の裏切りを知っていた町人たちは「恩知らず」「卑怯者」などと罵りながら次々と鋸を引いたが、少しずつだったため、弥四郎が絶命したのは処刑開始から1週間後のことだったとされる。

江戸時代の鋸引き。「自由に首を切ってよい」と札が立てられたが、実際に庶民が鋸を引くことはなく、罪人は晒された後、刀で斬首されることが多かった

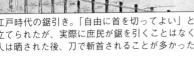

恐るべき拷問と処刑　その⑤

晒し首

さらしくび

「打ち首獄門《ごくもん》！」という時代劇でよく聞くセリフがあるが、この「獄門」とは、斬首の後、生首を晒されるという恥辱刑で、「晒し首」とも呼ばれる。

日本で最初にこの刑を受けたのは、10世紀半ば頃に朝廷に謀反を起こした平将門《たいらのまさかど》だと言われている。将門は関東で兵を率いて「新皇《しんのう》」を名乗るが、京都から来た討伐軍に討ち取られ、首は平安京に運ばれ都大路《みやこおおじ》に晒された。余談ながら、晒された将門の首は関東を目指して舞い上がり、現在の東京大手町《おおてまち》に落下したという伝説がある。大手町に今も「将《まさ》門塚《かどづか》（首塚）」が祀られているのは、そのためだ。

獄門は敗者への威圧、見せしめとして効果的だったことから、武士の間で一気に広まった。時には、わざと切れにくい刀を使って極度の苦痛を与えた後、**切った首に名札をつけ、2本の木の間にわたした横木に洗濯物のようにくくり、晒すこともあった**。

獄門が公式刑として採用されたのは、江戸時代になってからだ。関所破り、贋金《にせがね》づくり、強盗殺人、主人の親類の殺害、地主や家主の殺害、偽の秤《はかり》や枡《ます》の製造などの罪を犯した者に科せられた。しかも財産は没収され、死体の埋葬や弔いも許されなかった。

晒し首の手順は、以下のとおりだ。まず、斬首の後に刑吏が首を洗って俵に詰め、指定の刑場に運ぶ。続いて「獄門台」と呼ばれる五寸釘が打たれた台に首を差し込み、両側を粘土で厳重に固定する。そのまま3日間も晒されるのだ。意外にも、夜は首が盗まれたり野犬の類が持っていったりしないよう、桶を被せ、寝ずの番がついた。幕末には、夜間は首を空の醤油樽や味噌樽の中に納め、昼だけ晒すという、なんとも丁寧な獄門もあった。

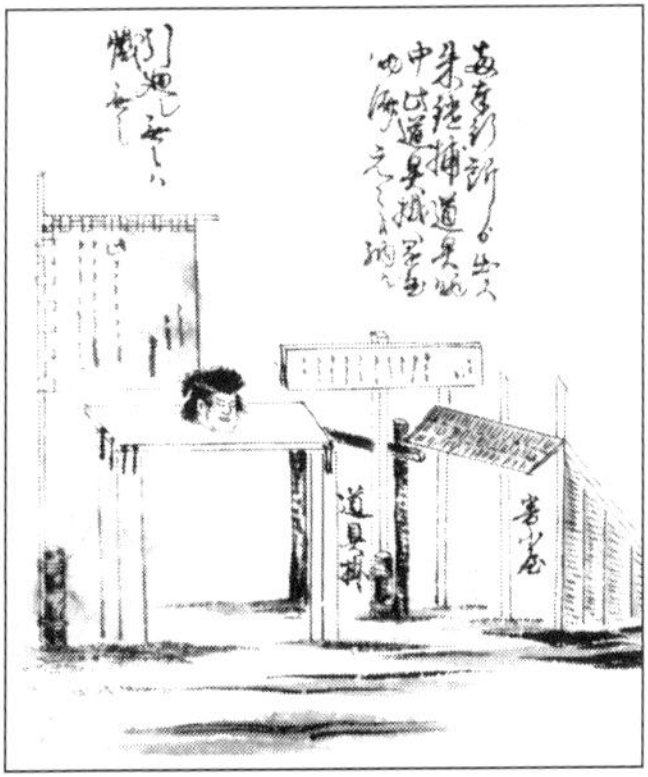
獄門の様子。獄門台のそばには氏名や罪状を書いた捨札が立てられ、首が捨てられた後も30日間残された

獄門は江戸時代が終わっても、すぐにはなくならなかった。

実際、1874年に起きた不平士族による反乱「佐賀の乱」で、首領の江藤新平《えとうしんぺい》が「梟示《きょうじ》」、つまりは獄門の刑を受けている。初代司法卿《しほうきょう》であり、「維新十傑《じっけつ》」の一人にも含まれる江藤だが、新政府は容赦しなかった。晒し首の様子は写真に残され、現在でもインターネット等で見ることができる。

恐るべき拷問と処刑　その⑥

磔

はりつけ

「磔《はりつけ》」といえば、ゴルゴダの丘で処刑されたキリストの磔が、世界的に有名だ。日本の磔もこれとほぼ同じで、磔柱《はりつけばしら》に罪人の両手を開いてはりつけ、槍であばら骨の間を貫く。江戸時代には公刑として、庶民を対象に行われた。手順はおおむね次のとおりだ。

磔柱の形状は、男性用が「キ」の字、女性用が「十」の字となる。男性は両手両足を大きく大の字に開くが、女性には配慮がなされ、両足は閉じて縛られる。槍で突き上げる際の邪魔にならないよう、両乳房から脇腹の衣類だけ剥ぎ取られた。そうした状態で多くの見物客が集まる中、死の瞬間を待つのである。

処刑執行の合図が出ると、磔柱の左右で待機していた執行役2人が、対象者の目前で槍を交差させ、「見せ槍」を行う。いわば死刑開始の儀式だ。執行人は対象者の体に槍をねじ込むのだが、2、3回目でほぼ絶命するにもかかわらず、**執拗に20~30回突き刺し続けたというから凄まじい。**そして、「止めの槍」と言われる最後の一突きがあり、**執行人は**

対象者の喉に槍を刺し通す。これだけ執拗に槍を突き刺すのだから、全てが終わった頃には死体はボロボロ。鮮血が吹き出て飛び散り、内臓があちこちからはみ出る。

処刑は一般公開されていたが、目を覆いたくなるような光景だったようだ。しかも、**遺体はその後3日間も放置された**というから容赦がない。

磔の様子。男性は「キ」の字、女性は「十」の字と、縛りつけられる磔柱の形状が異なっていた

当然ながら、磔に処されるのは関所破り、親殺し、主人殺し、通貨偽造などの重罪人で、「公事方《くじかた》御定書《おさだめがき》」で制定された死刑6種の中でも二番目に重い。

そんな残忍な処刑を、豊臣秀吉はキリシタン弾圧に用いた。外国人宣教師と日本人信徒、あわせて26人に磔を科したのだ。

磔刑《たっけい》は「串刺し」などと呼ばれ、戦国時代には多く見られた。特に織田信長は、この刑を好んだという。宣教師からキリストの受難を伝えられた際に、信長はその処刑法に興味を抱いたようだ。そんな処刑法が、めぐりめぐってキリスト教徒を攻撃する方法として活用されるようになったのは、あまりにも皮肉な話だ。

恐るべき拷問と処刑　その⑦

突き落としの刑《つきおとしのけい》

都やその周辺から地方へ強制移住させる「流刑《るけい》（島流し）」は、古くから行われていた。有名なところでは、讃岐《さぬき》（現在の香川県）へ流された崇徳上皇《すとくじょうこう》、隠岐島《おきのしま》に流された後鳥羽《ごとば》上皇、また、浄土宗の開祖・法然《ほうねん》や浄土真宗の開祖・親鸞《しんらん》、日蓮《にちれん》宗の開祖・日蓮らも、地方や離島への流刑に処されている。

流刑は江戸時代に入っても行われ、主に博打や横領、強盗傷害などの罪を犯したが、死罪にするほどではない罪人に下された。

配流先に選ばれたのは、八丈島や壱岐《いき》など、日本各地の離島。基本的に二度と島を出られなかったことから、終身刑と同一視されることもあるが、役人からの生活支援もなく、島での衣食住は自らの手で調達しなければならなかったため、環境の厳しさは現代の刑務所の比ではなかったという。

では、流刑者が島で再度罪を犯したらどうなったのか？　そんなときは役人によって、残虐な処刑にかけられた。その代表が、八丈島での「突き落としの刑」だ。

八丈島には、三原山《みはらやま》（東山《ひがしやま》）と八丈富士《はちじょうふじ》（西山《にしやま》）という火山がそびえる。この地形を利用し、島内でさらなる罪を犯したり、管理する役人に逆らったりした罪人を、**噴火口や崖から突き落とす**のである。

実際、八丈島には、突き落としの刑に関する恐ろしい話が残されている。

１８６０年、生活苦に耐え兼ねた罪人たちが、島からの脱走を計画した。計画に参加した総数は約70人。江戸時代の脱走・脱獄計画の中では最大級の人数だ。計画を知った地元民は、そんな多くの罪人に逃げられては困ると、役人に密告。すると罪人らは捕まって厳しい拷問にかけられ、その後に三原山の山頂から突き落とされたのである。

山や崖から叩き落とされた人間が無事で済むはずがなく、大抵はそのまま転落死した。大怪我を負いながらも生き残った者もいたが、それでも**引き上げられることはなく、絶命するまで放置**された。島で罪人を処刑するには幕府の許可が必要だが、この方法であれば事故死とごまかすことも容易だった。

八丈島以外の流刑地でも、罪人の私的処刑を病死や事故死と偽ることが多かったと言われる。島での再犯や反抗、脱走は、死に直結しかねないほど危険な行為だったのである。

恐るべき拷問と処刑　その⑧

試し切り

ためしぎり

名職人が作った刀でも、切れ味の良し悪しは実際に使ってみるまでわからない。そこで、切れ味や耐久力を試すために行われた一種の性能テストが、「試し切り（様切り《ためしぎ》り）」だ。

現代でも、一部の剣術道場では修行の一環として試し切りを行う。台に載せられた対象物を最上段から振りかぶって切るのが主流で、対象物は青竹《あおたけ》や巻藁《まきわら》が使われる。対して江戸時代には、なんと**人体が試し切りに使われていた**。

当時は試し切りを専門とする御様御用《おためしごよう》という役職があった。彼らは大名や武士から刀の試験を依頼されると、牢屋敷で用意された人体を使って切れ味をテストした。体を切るだけでなく、**2体を重ねて両断**するなど、様々な切り方で切れ味の質を審査し、証明書を添えて依頼主へ返品したのである。

人体を使うといっても、奉行所が生きた人間を対象とすることはなかった。威力を試すのに使われたのは、斬首刑になった罪人の死体だ。しかし、**一部地域には、生きたまま試**

し切りの対象とされた人々もいた。それがキリシタンである。

徳川家康は豊臣秀吉に続いて、1610年前後から全国各地でキリスト教の迫害を奨励していった。そうした弾圧の中で、トマス喜右衛門という日本人信徒が捕まった。

トマスは数々の拷問を受けても、棄教しようとはしなかった。そのために死罪を宣告されて連行されたが、着いたのは首切り場ではなく武家の屋敷だった。打ち首ではなく、生きたまま試し切りの材料にされることになったからだ。

試し切りの様子。斬首刑になった罪人の死体が用いられていた

体を台に乗せられ、両手両足を竹に縛りつけられたトマス。これに対し、武士は新品の刀を容赦なく振り下ろし、トマスの体を寸刻みにしてなぶり殺した。

江戸時代中期に拷問や処刑法が制限されてからは、公的に生きた人間を試し切りすることはなくなった。それでも、1870年に長崎鯛《たい》ノ浦《うら》で**キリシタン二家族6人が郷士の試し切りで殺害される事件が起きた**ように、個人の私刑や一部武士の辻斬り手段としては明治初期まで行われていたようだ。

恐るべき拷問と処刑　その⑨

蓑踊り

みのおどり

キリスト教弾圧が続いた江戸時代において、最も取り締まりが厳しかった地域は九州の島原だ。領主の有馬《ありま》氏がキリシタンだったので、元々はキリスト教に寛大な土地だった。だが、1616年に松倉重政《まつくらしげまさ》が統治するようになり、さらには幕府のキリシタン弾圧政策が始まると、苛烈な弾圧が行われるようになっていく。

キリシタンに棄教を迫るために松倉家が用いた拷問の一つに「蓑《みの》踊り」がある。宴会芸のような名前ではあるが、いわゆる火責めの一種だ。日本側に蓑踊りに関する記録はないものの、来日していた宣教師が、記録を残している。

蓑踊りにかけられるキリシタンがはじめに見るのは、防寒具や雨具として使われる蓑だ。キリシタンは自力で脱げられないよう縛り上げられ、蓑を着せられると大量の油をかけられる。そして蓑に油が充分染み込むと、松明《たいまつ》で火をつけられるのである。

油を含む蓑は一瞬で燃え上がり、キリシタンは火だるまとなる。あまりの熱さに暴れ、飛び跳ね、最後は地面に倒れ込みながら足をばたつかせてのたうち回る。**悶え苦しむ姿が踊りに見えたことが、蓑踊りと名づけられた理由**だとされている。一応、拷問に分類されてはいるが、棄教を宣言しても、炎をすぐには消せず焼死するケースが圧倒的に多かったので、ほとんど処刑と言える。長崎のオランダ商館長・クーケバッケルも、本国への報告の中で蓑踊りについて触れ、残酷さのあまりに目を背けてしまったと記している。

さらに恐ろしいのは、キリシタンだけでなく**一般の農民までもが蓑踊りの犠牲者になっていた**ことだ。これについては、後に「島原の乱」の顛末《てんまつ》を書いたポルトガル人商人のドアルテ・コレアが手記に詳しく記している。

コレアいわく、当時の島原の農民たちは重税に苦しめられていたが、日々の食事にすら事欠く有り様で、納税など不可能な状態だった。そんな中でも、領主の松倉勝家《かついえ》（重政の息子）は減税するどころか怒りの矛先を農民に向け、村々から**子どもや女を連れ出すと、次々と蓑踊りにかけた**という。当然、拷問を受けた者の多くは焼死し、助かった者も全身が焼けただれた無残な姿になった。

勝家は島原の乱後、圧政を敷いて反乱の原因をつくったということで、通常ならば大名には科せられない斬首刑に処された。だが、蓑踊りに処される苦しみに比べれば、斬首などたいしたことはなかっただろう。

恐るべき拷問と処刑　その⑩

三段切り

さんだんぎり

現代では某俳優が文化と発言してしまうような不倫だが、江戸時代では姦通罪という立派な犯罪であった。幕府の基本法典「公《く》事《じ》方《かた》御《お》定書《さだめがき》」にはこう書かれている。

「密通致し候妻と密通の男は死罪」

つまり、不倫は文化どころではなく**死刑の対象**だったのである。密通は武家社会で非常に重い罪と見なされており、前田家の金沢藩（現在の石川県金沢市）においては、「三段切り（別名「生き吊り胴」）」と呼ばれる、残酷な処刑法がとられていた。

対象者は後ろ手に縛り上げられ、高いところに宙吊りにされる。その状態で、処刑人は腰から下を切り落とす。下半身がなくなった受刑者の体は頭部の重みで回転し、自然に頭が下の逆さま状態になる。その瞬間を見計らい、首と上半身を切り離すのである。**最終的に頭部、上半身、下半身と三つに切り分けられるので三段切りという**わけだ。

実際に三段切りで処刑された記録が残っているのが、江戸城下で姦通した前田家の草履取り役の男と、お馬取り役の妻。強盗や殺人など残酷な悪事を働いたわけではなく「伴侶と違う相手と深い関係になった」だけで体を切り刻まれるとは、恐ろしい時代である。

この三段切りという処刑法は受刑者にとって残酷だが、なんといっても執行人が大変である。宙吊りでフラフラと揺れる受刑者の体を、一太刀で切るテクニックとスピードが要求され、難易度が非常に高い。しかも、見せしめのために一般公開されたというから、プレッシャーは相当のものだっただろう。

図のように、土の上に対象者を横たえ、処刑人２人が同時に首と胴を斬る「生き胴」という処刑もあった

この一連の作業をよどみなく行うのは、よほどの剣の達人でなければ難しいだろう。処刑人の人材不足は簡単に想像でき、金沢藩以外ではあまり行われた記録がないのも納得である。

ちなみに、姦通罪は明治時代に入り死刑こそ廃止されたものの、2年以下の重禁錮・懲役と、重罪扱いであることは変わらなかった。

姦通罪が廃止されたのはなんと１９４７年。つまり、不倫が罪に問われなくなってからまだ約70年ほどしか経っていないのである。

恐るべき拷問と処刑　その⑪

土八付

どはっつけ

「土八付《どはっつけ》」とは、両手・両足それぞれを竹竿に縛って地面に大の字に晒し、なぶり殺しにする刑である。対象者は、処刑する者の足元で無防備に全身を明け渡さなくてはならない。精神的な屈辱はもちろん、肉体的にも様々な苦痛をジワジワと加えられることになる。これを復讐のために実施したのが、源頼朝である。

頼朝が幼い頃、父の源義朝《よしとも》は権勢を極めていた平家に対してクーデター（平治《へいじ》の乱）を起こした。だが、義朝は戦いに敗れて東国へ逃亡。味方と見込んだ長田《おさだ》忠致《ただむね》のもとに身を寄せた。しかし、忠致とその子・景致《かげむね》は平家の恩賞に目が眩《くら》み、義朝を殺害してしまう。

その後、源頼朝が平家追討の兵を挙げると、長田父子は平家を簡単に見限り、10騎ばかりで源氏に降伏した。どの面下げてという感じだが、このときの頼朝は、平家を打ち滅ぼすべく、猫の手も借りたい状況だったため、長田親子を迎え入れた。

頼朝に許されたと思った長田親子は、源氏の一員として平家討伐に奮闘した。頼朝は味方を増やして平家との戦いで次々に勝利。そして1185年、壇ノ浦で平家を滅ぼした。

こうして念願の平家打倒を成し遂げた頼朝は、父の敵《かたき》である長田親子への報復にとりかかった。頼朝は長田親子を捕らえ、父・義朝の墓前に引き出すと、ふたりの両手・両足を竹に縛りつけた。地面に大の字のまま寝かされ、自由が利かないふたりに対し、**手の平と足の甲に直接太釘を打たせ、ガッチリと地面に固定した**のである。

頼朝はこの完璧な土八付のまま、長田父子をすぐには殺さず、処刑人に**「ジワジワと刀で傷つけよ」**と命令を下した。

許しを請う長田父子を無視し、ゆっくり、少しずつ皮膚を切り裂き、刃先で肉を削ぎ落とす。

死なない程度にこれを繰り返し、長田親子に長時間の苦痛を与えたという。その残酷さは、頼朝の恨みがいかにすさまじかったかを、如実に物語っていると言えるだろう。

『平治物語』によれば、源頼朝は長田忠致・景致親子を土八付で葬った（「伝源頼朝坐像」東京国立博物館所蔵／出典：ColBase）

恐るべき拷問と処刑　その⑫

串刺し

くしざし

人間に杭や槍を突き立てて殺す「串刺し」は、古くから世界中で行われていた。

一方、日本では串刺し刑が執行されることは少なかったようで、江戸幕府においても公的な処刑法としては採用されていない。

ただし、日本で串刺しが全く行われなかったのかと言えばそうではなく、数多くの残虐刑が生み出された戦国時代には、私的制裁の一つとして串刺しが行われることがあった。

例えば、1560年には桶狭間の戦いで敗北を喫した今川家の武将が、独立した松平元康（後の徳川家康）の人質11人を、見せしめ目的で串刺しにしている。

また、あの織田信長も串刺しを行ったとされている。1577年、中国地方攻略の一環として播磨《はりま》（現在の兵庫県西部）の上月城《こうづき》を織田軍は攻略。城主の赤松政範《あかまつまさのり》は自害したが、周辺大名は徹底抗戦の構えを崩さなかった。そこで織田軍は上月城の捕虜を皆殺しにすると、**200人以上の女を磔《はりつけ》にし、その子どもらを串刺しにして処刑した**のだ。串刺しにされた子どもらは、磔にした母親を囲うように国境沿いへ並べられ、周辺大名の威嚇に利用されたという。処刑を指揮したのは、後に天下統一を果たす羽柴秀吉であった。

なお、欧州と日本とでは、串刺しの方法は異なっていたようだ。

欧州では、対象者の肛門から槍や杭を突き立てたうえで地面に立てる方法が用いられた。この方法ならば、**自重で体が槍や杭にゆっくり沈み込むぶん、対象者の苦しむ時間を最大限引き延ばすことができる**からだ。

一方、日本の串刺しは対象者を柱に縛りつけ、足を開いた形で固定する。そして**股の間から小型の槍で一気に突き上げる**のである。

「串刺し公」と恐れられた15世紀のルーマニア君主ヴラド・ツェペシュによる串刺し

槍を用いて人体を縦に貫通するのは、極めて難しい。そのため、執行人は何度も槍を抜いては突き刺すことになる。**突くたびに股からは大量の血や臓物が噴き出し、最後は肩や胸や口から槍の先端が突き出て対象者は絶命する。**

日本・欧州どちらの場合も、対象者を恐れさせるには十分すぎる処刑方法である。

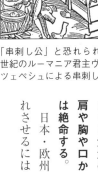

恐るべき拷問と処刑　その⑬

釜茹で

かまゆで

巨大な釜で煮えたぎる熱湯。釜の中に鍋料理の具材のように沈められる罪人。皮膚はただれ、筋肉はとけ落ち、鍋の中は血で真っ赤に染まる。やがて、苦悶の叫び声を上げながら、罪人は命を落とす──。「釜茹で」と聞くと、こうした様子をイメージするのではないか。

実際には、熱湯ではなく油が使用されるケースもあった。そのため、「釜煎《い》り」あるいは「釜揚げ」などとも呼ばれている。油が使用される場合、対象者は「茹でられる」のではなく、100度以上の高温で「揚げられる」。絶命に至る時間は短かったことだろう。

この釜茹でに処されたことで有名なのが、天下の大泥棒・石川五右衛門である。

伏見城に潜り込んでいたところを捕縛された五右衛門は、手下の他、母親と息子の五郎《ごろ》市《いち》ともども釜茹での刑に処されることになった。

木靴を履かされ、釜に落とされる手下と母親。五右衛門も覚悟を決め、五郎市を抱きかかえて、一気に釜の中に飛び込んだ。

釜に入った後、五右衛門はどんな反応を見せたのか。自分が息絶えるまで釜の中に五郎市が沈まないようにずっと持ち上げていたという説もあれば、苦痛が一瞬で終わるように五郎市を一気に釜に沈めたという説、さらにはあまりの熱さに五郎市を下敷きにして、我が身を守ろうとしたという説もある。この五郎市を下敷きにしたという説が基となり、蓋を足で沈めて入る風呂は「五右衛門風呂」と呼ばれるようになったという。

釜茹でや釜揚げといった処刑方法は、日本だけでなく世界各国にも見られる。パターンは豊富で、西洋の場合、溶かした鉛を対象者の傷口に注ぐという恐ろしい処刑も行われていた。

釜茹でに処される石川五右衛門と息子の五郎市。熱湯で煮られたのか油で揚げられたのかは不明（歌川国貞「石川五右衛門と一子五郎市」）

また、誰が思いついたのか、ワインで対象者を煮る処刑もあったというが、ここまでくると、人間を材料にした料理のようにも思えてしまう。

恐るべき拷問と処刑　その⑭

水磔

すいたく

十字の磔柱《はりつけばしら》に縛りつけて晒した後に槍で突く磔と、水責めをミックスさせたような処刑。それが「水磔《すいたく》」である。

水磔を科される者は、**磔柱に逆立ちの状態で縛りつけられ、そのまま海中に放置される。**単に逆さに吊され続けるだけでも、頭に血が集まって体は大きなダメージを負う。加えて、満潮時になると容赦なく波が押し寄せ、鼻や口に海水が流れ込んでくる。

そのうち首から肩のあたりまでどっぷりと浸かってしまう。もがいても体の自由は利《き》かず、せきこむことしかできない。**いっそ早く死を迎えたいと思うが、引き潮になれば再び呼吸が可能になるので、すぐには窒息しない。**何度もザブザブと打ち寄せる波音は、死の足音に聞こえたことだろう。

水磔で絶命した者の**顔面はすさまじく腫《は》れあがり、見るに堪えないほど無残な状態に変わり果てた**という。しかもそのまま数日、遺体を結びつけた磔は海の中に放置されたというから残酷極まりない。

水磔は罪人だけではなく、キリシタンも対象になった。徳川幕府に弾圧されたキリシタンの中でも、特に信心深い信徒たちが水磔にかけられたようだ。

江戸時代中期の兵法家・村井昌弘《まさひろ》が記した『耶蘇天誅記《やそてんちゅうき》』によると、1640年、幕府はどうしても転宗しない信徒70余名を捕らえ、見せしめのために、水磔にかけたという。目的は棄教させることだったため、死の恐怖を味わわせて改宗を促そうとしたわけだ。したがって、「キリスト教を捨てる」と宣言すれば、水磔からは解放される。

潮の満ち引きを利用した処刑水磔（引用元：「日本刑罰風俗図史」）

しかし、信仰心の強い信徒は棄教や改宗をしなかった。そのためキリシタンたちは、半日ほどで息絶えていった。中には、厚い信仰を示したい、幕府に屈しないという凄まじい執念からか、8日経っても死に至らなかった信徒もいた。

強い信心が強靭な精神力を与え、肉体の限界を超えさせたのかもしれない。

恐るべき拷問と処刑　その⑮

切腹

せっぷく

「切腹」は、平安時代の988年、盗賊の藤原保輔《ふじわらのやすすけ》が捕縛を拒んで自ら腹を切ったことが始まりだとされている。

その後、壮絶な死に際から切腹は武士にふさわしい死に方だと賞賛されるようになり、鎌倉時代直前から、武士の間に広まったとする説が有力だ。戦国時代には介錯人《かいしゃくにん》（首を切って刑を終わらせる役職）がつけられ、江戸時代にも武士の処刑法として採用された。

ただし、切腹は「罪を犯した者が自らけじめをつける」という意味があったため、厳密には処刑とみなされず、江戸時代の基本法典である「公事方御定書《くじかたおさだめがき》」にも記されていない。武士だけに許された、特別な行為だったのだ。

江戸時代初期には、対象者は介錯人と互いに礼をした後に上着を脱がされ、目の前に置かれた短刀で、腹を横に切った。これを受けて介錯人が首を切り落とすという流れだった。

これが江戸時代中期になると、徐々に形骸化することになる。腹に短刀を押しつけた時点で首を切ったり、木刀で切腹の真似をしてから首を切るなど、**実際に腹を切ることは少なくなっていく**。それでも、幕末以降も昔ながらの方法で切腹をする者はいた。

1868年、堺に無許可で上陸して住民と揉め事を起こしたフランス兵が土佐藩の警備隊に発砲され、死傷者11人を出す事件が起きた。

フランスから抗議を受けた明治政府は、警備に当たった20人の処刑を決定。フランス公使立会いのもと、妙国寺で切腹することになった。

一人目の箕浦《みのうら》猪之吉《いのきち》は、最も苦しいとされる腹を十文字に切る方法を選び、**介錯を受ける前に臓物をつかみ出した**。

その後も壮絶な切腹は続き、刑場には血と内臓の臭いが立ち込めた。その凄惨さゆえ半数を超えた段階で、フランス側から中止要請が出たほどだ。

処刑としての切腹は1873年に廃止されたが、明治天皇に殉死した乃木《のぎ》希典《まれすけ》や、市ヶ谷駐屯地で自衛隊の決起を促して腹を切った三島由紀夫のように、私的な切腹が世を騒がせることもあった。

江戸時代中期には、短刀を模した扇子へ手を伸ばしたのを合図に首を切るなど、切腹の作法は時代によって変化した

恐るべき拷問と処刑　その⑯

臥漬け

ふしづけ

体の自由を奪われて水に沈められれば、人間は泳ぐことができずに窒息してしまう。この方法を用いた処刑が、筵《むしろ》で巻いて縛ってから川や海に放り投げる「臥漬《ふしづ》け（柴漬《しばづ》け）」だ。「対象者を筵に巻いて横たわらせた（横臥《おうが》）」「伏柴《ふししば》（雑木）を沈めて魚を獲る柴漬け漁にならった」などの理由から、臥漬けと呼ばれるようになった。

縛って水に沈める刑罰は古くから存在し、日本のみならず、ヨーロッパ各地でも行われてきた。**水は罪や穢《けが》れを流す聖なる効果があると考えられてきた**からである。神事に赴く前に行う禊《みそぎ》や修験道の滝行も、水で身や心を清らかにすることが目的だ。現在でも神社に参拝する前、手水《ちょうず》で手を洗い口をすすぐのは、その名残である。

そんな臥漬けを受けた人物として挙げられるのが、源義経の嬰児《えいじ》である。

兄の頼朝と対立した義経は、愛妾《あいしょう》の静《しずか》御前《ごぜん》と逃亡を図った。しかし、道中で義経と離れ離れになった静御前は捕らえられ、鎌倉にいる頼朝のもとへ送られる。このとき、静御前は妊娠していた。頼朝は女児なら命を助けると宣言したが、生まれた子どもが男の子だったことから、**赤ん坊は臥漬けとなり、由比ヶ浜に沈められた**という。

また、戦国時代には、戦国大名・大内義隆《おおうちよしたか》に仕える女中が臥漬けにされたという記録が残されている。

臥漬けの様子。筵に巻いて縛られ川や海に放り投げられる。後世には「簀巻き」（すまき）とも呼ばれた

女中は義隆をそそのかして、ある小姓《こしょう》を亡き者にしようとしていた。小姓が無実を証明するために自刃すると、真実を知った義隆は、小姓の供養のために**女中を臥漬けにして川に捨てた**とされている。

江戸時代になると、臥漬けは正式な刑罰ではなく、リンチとして幾度も行われた。特に**博徒の世界では、イカサマをした者を臥漬けにして川に捨てる**ことがあったようだ。

なお、臥漬けは処刑法としてだけではなく、拷問の一環としても利用された。臥漬けにして水に沈め、首だけを出して尋問を行うのである。手軽でありながら大きな効果が得られる、恐ろしい行為だ。

恐るべき拷問と処刑　その⑰

縛り首

しばりくび

現在の日本の死刑で採用されている「絞首刑」は、首を絞め、窒息させて殺す処刑法である。対象者自身の体重を利用して窒息させる方法であり、他人が首を絞める「絞殺刑」とは異なる。

戦国時代には、「縛り首」という呼称で絞殺刑の記録が多く残っている。単純に命を奪うというだけでなく、見せしめの意味も込められていたようだ。そのため、処刑後もしばらくは、死体を木にぶら下げて晒していた。

江戸時代に入ると、受刑者の首を2本の綱で挟み、その綱の端と端をろくろで巻き上げ絞め殺す、「絞」という処刑法があったが、これも対象者の自重で窒息死するわけではないので、絞殺刑と言えるだろう。

その後、1870年には明治政府が、死刑法として「斬（斬首刑）」と「絞（絞首刑）」を採用した。絞首刑では、「絞柱」の前に立った死刑囚の首に縄をかけ、縄の先を絞柱の裏に垂らして約75キロの重石を吊り下げ、足の下の踏み板を外すという方法がとられた。

ところがこれを実際に使用したところ、問題が続出した。**ある対象者は、絶命するまでに耳や鼻から血が噴き出すなど凄まじい苦痛を味わった。一方で、３人もの蘇生事件が発生するなど、確実な処刑法ではないこともわかった。**

これにより、翌年には絞柱による処刑は廃止され、死刑囚の首に縄をかけたまま、踏み台が開いて地下に落とす「絞架」が採用された。幾度かマイナーチェンジはあったものの、ボタンを押して踏み台が開くという、現在のものと基本的には同じ仕組みである。

問題は、踏み台を開けるボタンを押す、執行人が必要なことにある。仕事の一つとはいえ、執行人の精神的苦痛は非常に大きい。

紋首刑は世界でも広く用いられた。図は、中世イタリアの画家・ピサネロが描いた紋首刑の様子

その負担を少しでも軽くするため現在では、**二つのダミーを交えた三つのボタンを、３人が同時に押す**ことになっている。だが、逆に2人分のストレスを増やすだけではないかという批判もあり、執行方法の改善や死刑廃止の意見が出る要因の一つにもなっている。

恐るべき拷問と処刑　その⑱

銃殺刑《じゅうさつけい》

1989年、民主化革命により失脚したルーマニアの大統領・チャウシェスクと妻のエレナは、革命軍の手によって「銃殺刑」に処された。2013年には、北朝鮮の事実上のナンバー2だった張成沢《チャンソンテク》が、機関銃で処刑されたと言われている。

このように、現在でも銃殺刑が実施されることはあるが、残酷だという理由で廃止する国が多く、維持しているのは北朝鮮や中国、サウジアラビアなど一部にとどまる。

だが、銃殺刑を廃止している国でも、例外的に銃での処刑が執行されることがある。対象となるのは、通常の刑法でなく軍法で裁かれる軍人だ。軍人が絞首刑ではなく銃殺刑になる理由として、前線でも容易に執行が可能なことなどが挙げられる。

日本で銃殺刑が行われるようになったのは、近代式の銃が軍隊に導入された明治時代からである。明治政府は死刑を「斬（斬首刑）」と「絞（絞首刑）」の二つとしたが、陸軍刑法には「陸軍ニ於《おい》テ死刑ヲ執行スルトキハ陸軍法衙《ほうが》ヲ管轄スル長官ノ定ムル場所ニ於テ銃殺ス」とあり、海軍刑法にも「海軍ニ於テ死刑ヲ執行スルトキハ海軍法衙ヲ管轄スル長官ノ定ムル場所ニ於テ銃殺ス」とある。つまり、**軍法会議で死刑の判決を下された軍人は銃殺刑となり、目か顔全体を覆われた状態で一斉射撃が行われた**のだ。

軍人に対する銃殺刑の中で、17人もの処刑者を出したのが1936年の「二・二六事件」だ。陸軍の青年将校が中心となったこのクーデター未遂事件では、自決した野中四郎大尉を除いた首謀者全員に死刑判決が下り、安藤輝三大尉や栗原安秀中尉などが銃殺刑に処されている。軍人以外でも、反乱を促し支援したという理由で、思想家の北一輝《きたいっき》と西田悦《みつぎ》が民間人ながら銃殺された。

なお、軍人が銃殺刑に処されたときは戦死として扱われないので、遺族年金は支払われず、海外では国営の軍人墓地にも入れない。日本においても戦死とはみなされないため、多くの軍人を祀る靖国神社に、二・二六事件で処刑された青年将校は合祀されていない。

1956年、当時独裁体制を敷いていたキューバのバティスタ大統領に対する反乱者が銃殺刑に処される様子

恐るべき拷問と処刑　その⑲

仇討ち

あだうち

たとえ事件の被害者になっても、現代の日本で復讐をすれば自身が犯罪者になってしまう。対して、江戸時代は違った。**加害者への復讐殺人が公的に認められていた**からである。こうした私刑制度を「仇討《あだ》ち（敵討《かたき》ち）」という。

仇討ちを許されるのは目上の人間、つまり親や兄姉などの年上の身内、あるいは主人が殺された者のみに限られ、実行する前には必ず奉行所などお上から許可を得なければならなかった。

町人にも仇討ちの権利はあったが、最も多かったケースは、面子《めんつ》と忠義を重んじる武士による仇討ちである。加害者遺族がさらなる報復を企てる復讐の連鎖は幕府が固く禁じていたので、復讐者は安心して敵を殺すことができた。

とはいえ、現実はそう甘くない。仇討ちは成功より**失敗する確率が圧倒的に高かった**。人の生死に関わるだけに、仇討ちの許可が即日下りることは少なく、その間に相手が行方をくらますことも多かった。現代よりも情報収集が難しい時代、一度逃げられれば見つけるのは容易でない。それでも、復讐側は成功するまで理由がなければ帰郷ができない。

そのためもあって、復讐者は私財を投げ打ってでも相手を探したが、大半は悲劇的な結末を迎えている。ある者は途中で資金が尽きて野垂れ死に、またある者は返り討ちにされて命を落とした。仇討ちを諦めようものなら人々から軟弱者と蔑《さげす》まれ、悪評に耐えかね物乞いに身を落とす者もいたという。一説によれば、**仇討ちの成功率は全体の1割程度だったとされている**。

そうした数少ない成功例が、新発田藩《しばた》（現在の新潟県新発田市）藩士・久米幸太郎《くめこうたろう》による仇討ちだ。

滝沢休右衛門という男に父を殺された幸太郎は、お上の許可を得て仲間を連れ、仇討ちの旅に出発。粘り強い捜索の結果、休右衛門が仙台藩の洞福寺《どうふくじ》で僧侶に扮していることをついに突き止めた。

洞福寺へと向かい、付近の林で休右衛門を待ち伏せる幸太郎。そして、休右衛門がやってきたところで仲間と同時に飛び出し、父の仇を討ったのである。

仇討ちに成功したのは1857年。父が殺されてから**40年が経っていた**。それほどまでの時間を費やし復讐を成し遂げるほど、幸太郎の執念は恐るべきものだった。

第二章 身の毛もよだつ拷問の数々

恐るべき拷問と処刑　その⑳

笞打ち《むちうち》

仕置きの道具として、「笞《むち》（鞭）」は古今東西至る場所で使われてきた。

日本での笞打ち刑の歴史は古く、701年の大宝律令《たいほうりつりょう》や、757年の養老律令《ようろうりつりょう》にはすでに「杖罪《じょうざい》」「笞罪《ちざい》」という名で登場している。江戸時代になると、杖罪や笞罪に相当する刑罰は「敲《たた》き」と呼ばれて正式採用され、「箒尻《ほうきじり》」と呼ばれる笞が使用された。箒尻は長さ約60センチ、直径約10センチの竹を2本に割って束ね、麻で包んで紙ひもで巻き上げたもので、握る部分には白い革が巻かれていた。

敲きは罪の軽重で「軽敲《かるたたき》」と「重敲《じゅうたたき》」があり、軽敲は50回、重敲は100回だった。いわゆる**「百たたきの刑」は、重敲を指す**わけだ。

敲きを受ける者は、まず腹這いにされる。次に両手両足を広げられ、動かないように4人に押さえつけられる。その状態で、定められた回数が打たれるのだ。打つ場所は背骨をよけた背中や尻、太ももといった、比較的痛みの感じにくい部分。軽敲であれば一気に終わらせるが、重敲の場合は50回でいったん中断し、対象者に水を与えたり、気つけ薬を飲ませたりして休憩させる。その後に、残りの50回を打ち終える手順になっていた。

箒尻を使った責めは刑罰だけでなく、自白を引き出す拷問としても公式に採用された。対象者は太い縄で後ろ手に縛り上げられる。縄の先は前後に分かれており、刑吏によって全力で引っ張られる。衝撃や痛みで対象者が倒れないようにする措置だが、この時点でかなりの苦痛だ。

笞打ち。中国の刑罰を参考に奈良時代には導入されていた

縄で強く締め上げられると肩の肉が隆起するが、ここに打ち役が箒尻を振り下ろす。**肩の皮膚は薄いので、すぐに破れて血が流れ出す**が、砂をつけて血止めとし、再び打ち続けられるのだ。

拷問としての笞打ちは敲きと違い、回数制限がない。1、2回で自白すればもう打たれないが、100回打たれても口を割らなければ、さらに打たれることもある。

自白が得られなくとも、大体150回で笞打ちは終了し、手当されて牢に戻されたが、この後に石抱きや海老責めといった、より過酷な拷問が待ち受けていた。

恐るべき拷問と処刑　その㉑

石抱き《いしだき》

時代劇では、膝の上に石板を積ませる拷問が、時に描かれる。これは実際に行われていた拷問で、その名を「石抱き」という。

石抱きは江戸幕府が公認した拷問の一つで、「笞打ち《むち》」に耐えた者に科される、第二段階の拷問に位置づけられていた。

対象者は、「十露盤板《そろばんいた》」という三角形の木材を並べた上へ正座させられる。体は柱などへ縛りつけられ、身動きはできない。三角形の先端が脛《すね》に食い込み、かなりの苦痛が伴うが、ここから足へ石板が積み上げられていく。**長さ約90センチ、幅約30センチ、厚さ約9センチに切り揃えられた、重さ約50キロの石**だ。重みで足は木材へと食い込んでいき、5枚を超えるころになると、対象者はあまりの苦痛に泡を吹き、全身が蒼白になる。そんな中で執行人は**石板を上から押さえつけ、左右に揺すりながら「白状しろ」と迫る**のである。続けていけば筋肉がちぎれて骨が砕け、場合によっては死んでしまいかねないが、実際には足が破壊される前に役人が拷問を中止していたという。

拷問は、自白を引き出すことが目的なので、対象者を死なせるわけにはいかない。石抱きをする場合も医師の立会いが必要だった。医師が対象者を診察し、続行不可能であればいったん牢へと戻される。だが、それで拷問が終わるわけではなく、体力が戻れば再開するのである。

石抱き。江戸幕府が公認していた拷問の一つ

このような苛烈極まる拷問であれば、誰もが自白したと思うかもしれないが、これに耐えきる者もいた。その一人が、盗賊の青木弥太郎だ。

幕末の1864年、300両を盗んだ容疑で捕縛された弥太郎は、自白を拒んだことから石抱きにかけられた。拷問は長時間続き、何度も気絶したが、それでも弥太郎は口を割らない。そして5枚の石板が載せられても、弥太郎は最後まで耐え抜いた。

その後もさらなる拷問が予定されていたが、江戸幕府崩壊の混乱で罪状はうやむやとなり、明治新政府誕生と同時に弥太郎は釈放されている。

恐るべき拷問と処刑　その㉒

釣責め

つりぜめ

体を縛られて吊るされれば、対象者は想像以上に手痛いダメージを受けるものだ。古代ヨーロッパでは処刑や拷問に「吊るし刑」が度々採用されており、日本でも江戸幕府が「釣責め（つりぜめ／つるしぜめ）」という名で公認の拷問の一つに加えていた。

釣責めの対象者は拷問用の蔵へと連行されると服を剥ぎ取られ、後ろ手にされて手首・腕が縄で縛り上げられる。続いて胸と二の腕を緊縛されると、縄の先端が天井の吊るし輪に通されて引っ張られる。体が約10センチまで引き上げられると、蔵の柱に打ち込まれた鉄輪に縄が通されて結ばれ、被疑者は宙吊り状態で放置されるのだ。

海外では手首だけを縛って吊るすこともあったが、これでは肩に負担がかかりすぎて脱臼する恐れがあり、日本では採用されなかった。また、釣責めが腕だけでなく胸まで縛るのは、負担を分散させ、対象者に障害が残りにくくするための工夫である。江戸幕府公認の拷問は、あくまで自白を引き出すことが目的だからだ。

とはいえ、それでも拷問は過酷だった。宙吊りのまま長くいると、**腕や胸に全体重がかかって縄が体へ食い込んでいき、肌が鬱血《うっけつ》する。そのまま1時間放置されるだけでも、我慢できないほどの甚だしい激痛に襲われる**のである。

時には、**縄が食い込み過ぎて肉が裂け、体が血で真っ赤に染まることもあった**。それでも白状しなければ傷口を棒で叩きつつ、自白を促していったのである。

釣責めからは穴吊るしや駿河問《するがど》いなどの発展型も生み出されたが、実は、他の公認の拷問にはない制約があった。というのも釣責めは、石抱きなどとは違い、奉行所の判断で実行することはできず、評定所《ひょうじょうじょ》（江戸時代の最高裁判機関）の許可がなければできなかったのである。

釣責め

幕府が慎重になったのはなぜか？　その理由は、**釣責めに耐え切られてしまうと、公認した将軍の面子を潰してしまうことになりかねない**からだとされている。そのため、「釣責め」を受けるのは、証拠や共犯者の証言が出そろい、犯行がほぼ確定した（まず自白するであろう）被疑者が中心だったという。

恐るべき拷問と処刑　その㉓

駿河問い

するがどい

どんなに口が堅い罪人でも、必ず自白に追い込まれると言われる拷問があった。それが「駿河問い《するがどい》（駿河責め）」だ。対象者を宙に吊るして苦しめる「釣責め」の一種だが、その苦しみは通常の釣責めの比ではない。

手始めとして、対象者は両手両足を背中側でひとまとめにして縛られ、そのまま天井に吊り下げられる。無理な体勢で吊られて肩や足に強烈な痛みが走るが、より苦しめるために、**背中に重しが載せられる**。ここからさらに**体を無理矢理振り回される**のだ。

右に左に振り回されて体が回転し、痛みや気持ち悪さで全身から脂汗が吹き出る。長時間振り回されると遠心力で血が偏り、顔は真っ赤に充血して、鼻や口からは血が滲《にじ》み、**最後は体中が紫色に変色**する。

途中で対象者が失神することもあったが、殺すことが目的ではないので、限界と判断されると、拷問はいったん中断されて床に下ろされる。だが回復すれば、また吊り下げられて拷問が再開される。死にはせずとも、体や背骨への過度の負担で障害が残ることも少なくなかっただろう。

この拷問は名前のとおり、駿河（現在の静岡県周辺）で始められたという説が有力だ。江戸時代初期、幕府の直轄地であった駿河国の駿府町奉行所では、罪人に対して拷問を行っていたが、稀に、全ての拷問に耐えてしまう罪人がいた。そこで確実に自白を引き出すべく、町奉行の彦坂九兵衛が「誰も耐えられないが、死に至りにくい拷問」として考えたのが、駿河問いだったという。

そんな駿河問いに処されたのが、かぶき者（無法者）の頭領・大鳥逸平《おおとりいっぺい》（一兵衛）だ。大鳥は300人ものかぶき者を束ねており、何かにつけて武家に反抗していた。苦々しく思っていた幕府は大鳥を駿河問いで責めて仲間の名を自白させ、一網打尽にしようとしたのだ。

他の拷問では執行人を挑発する余裕を見せていた逸平だったが、駿河問いには耐え切れず、犯行の全てと仲間の名を自供した。この逸話と共に駿河問いの名は全国へ知れわたり、罪人やキリシタンへの拷問に用いられるようになったとされている。

恐るべき拷問と処刑　その㉔

海老責め

えびぜめ

社会が安定した江戸時代にも拷問はなくならず、被疑者から自白を引き出す方法として活用されていた。中でもひときわ恐れられていた拷問が、「海老責め《えびぜ》」である。

海老責めは、体を固定する拷問だ。幕府公認の拷問の一つではあったが、被疑者が死にかねない危険性から、**他の拷問に耐え抜いた屈強な者のみに行われる最終手段だった**という。

対象者は、まずあぐらをかかされる。続いて両腕を後ろ手に縛られると、そのまま両足を重ねて縛られ、さらに肩や腕に縄がかけられ引き絞られる。こうすることで体が強制的にかがめられ、最後は顎《あご》と足が密着した状態で放置される。この背中の曲がった姿勢が海老に似ていることから、海老責めと名づけられた。

無理な体勢のまま1時間も放置されれば、苦痛で脂汗が流れ始め、胸部が圧迫されて呼吸が満足にできなくなる。さらには血が凝固し始めて、体の各部が紫色に変色していく。そんな過酷な状況では、**半日放置されるだけでも極度に血流が悪化し、死に至る可能性が**

高かった。その体勢のまま笞《むち》打ちや石抱きにかけられることもあったので、被疑者の苦痛は並大抵ではない。

この海老責めにかけられた罪人第1号が、江戸時代初期の大盗賊・鶉権兵衛《うずらごんべえ》である。

権兵衛は放火や強盗で江戸を荒らしまわった盗賊団の首領だった。現場を押さえられて奉行所に捕縛されると、仲間や盗品のありかを自白させるために取り調べが行われたが、権兵衛はどのような拷問にも耐え抜き、口を割ろうとはしなかった。

困り果てた火付盗賊改方《ひつけとうぞくあらためかた》の中山直守《なおもり》は、体を無理な体勢で固定させる拷問を思いつき、権兵衛に行った。すると、権兵衛はあまりの苦痛にとうとう音を上げて、犯行の詳細を自白したのである。

権兵衛と盗賊仲間は火あぶりで処刑され、その後、海老責めは江戸幕府公認の拷問に採用されたと言われている。

海老責め。他の拷問に耐えた者だけに行われる危険な拷問だった

恐るべき拷問と処刑　その㉕

瓢箪責め

ひょうたんぜめ

「公事方御定書《くじかたおさだめがき》」に定められた幕府公認の拷問は「笞打《むち》ち」「石抱き」「釣責め」「海老責め」の四つである。

しかし、奉行所はこの4種の拷問のみを行ったわけではなく、凶悪犯や頑固な被疑者に対しては、非公認ながらも奉行所の判断で過激な手段を選ぶことがあった。

そんな非公認の拷問の一つが「瓢箪責《ひょうたん》め」である。対象者の腹部に縄を巻きつけ、**数人の男たちが両側から力の限りに引っ張って締め上げる**というものだ。

人の腹部は、骨に守られていないことから衝撃や圧迫にとても弱く、締め上げられると内臓が潰されて途方もない苦しみに襲われる。

腹部を激しく圧迫された対象者はまるで瓢箪のように絞られ、**最終的には内臓の破裂、腸捻転《ちょうねんてん》などを起こして大量の内出血を引き起こす**。そして体の穴という穴から血が噴き出して、最悪の場合は死に至るのだ。

腹筋を鍛え抜いた者ならば多少は耐えられるかもしれないが、締められ続けていればさすがに内臓に限界がくる。キリシタンへの責めに使われていたことからも「瓢箪責め」の厳しさがうかがえよう。

そんな厳しい瓢箪責めを耐え抜いたとして、伝説になった人物がいる。江戸後期の大泥棒・木鼠《きねずみ》吉五郎は、**瓢箪責めを44回、1年9カ月にわたって耐え切った**というのである。吉五郎はこの間、石抱きや釣責めも度々受けたのだが、どの拷問にかけても死ぬことなく、自白もしなかったという。吉五郎は拷問死ではなく、死罪を言い渡されて処刑された。

ただし、この逸話はさすがに眉唾《まゆつば》である可能性が高そうだ。というのも、石抱きや釣責めはともかく、鍛えようのない内臓に対してそこまでの責めを加えられて生き延びることは、まず不可能だからである。

吉五郎がなんらかの拷問に耐えて口を割らなかったことは事実のようなので、庶民の間で話に尾ひれがついて、瓢箪責めにも耐えたという説が広まったのではないかと考えられる。

瓢箪責めを耐えたと伝わる木鼠吉五郎（歌川国貞「時代模筆当白波木鼠吉五郎」）

恐るべき拷問と処刑　その㉖

火頂責め

かちょうぜめ

「火頂責め」というものがある。文字どおり、人の体の「頂点」である頭部を熱で責める拷問である。具体的には、**鉄の鍋や冠、兜を火で灼熱《しゃくねつ》状態にして、それを対象者の頭に載せる**。いわば、高温で熱し続けた中華鍋を被せられるようなもの。顔すれすれに近づけるだけでも、恐怖を感じるには充分だ。

戦国時代、織田信長は安土《あづち》領内を訪れた遊行《ゆぎょう》の僧・無辺を城内に呼び、超能力を持つという彼の話を聞くことにした。

ところが、無辺は出身地を何度尋ねられても「無辺」と答えるばかり。そんな態度に信長は激怒し、赤く焼いた鉄板を無辺の顔に近づけた。すると、平然と構えていた無辺は急に態度を翻し、出羽の羽黒山《はぐろさん》出身であることなどをペラペラとしゃべり始めたという。

そんな無辺とは異なり、火頂責めを受けてもなお自分を貫いたのが、「舌切り」の項でも登場する、室町時代の僧侶・日親《にっしん》だ。

日親には、鉄鍋を頭に被せられたがそれでも説法を続けたために「鍋冠上人《なべかぶりしょうにん》」と呼ばれるようになった、という逸話がある。といっても、これはあくまで伝説で、実際に赤い色になるほど熱された鉄の鍋を被ったら、**頭蓋骨が高熱に耐えられずに割れ、即死してしまうだろう**。

日親が開創した京都本法寺《ほんぽうじ》の僧・日匠《にっしょう》が江戸時代に著《あらわ》した、『日親上人徳行記《にっしんしょうにんとくぎょうき》』という本がある。この本には、日親の頭に帽子のようにすっぽりと鉄鍋を被せ、その鍋を両横にいる執行人が、松明《たいまつ》の火であぶっている絵が描かれている。この表現に従えば、焼いた鍋を日親の頭に被せたのではなく、冷えた状態の鍋を被せてから熱したと考えられる（そんな状態でも非常に熱いと予想されるが）。

ちなみに、火あぶりで処刑された江戸の大盗賊・鶉《うずら》権《ごん》兵衛《べえ》（海老責めの対象となった第1号でもある）は、火あぶりの際、頭部に火が燃え移り、「火頂責め」を受けたかのごとく、頭蓋骨が割れて死んでいったと言われている。

熱せられた鉄鍋を被せられたという伝説のある日親（『肖像集』国会図書館所蔵）

恐るべき拷問と処刑　その㉗

錐揉み責め

きりもみぜめ

木に穴をあける工具の「錐《きり》」。針より何倍も太い鋭利な鉄先を回転させることで、少々堅いものも貫通させる威力がある。

となれば、拷問に用いることもできそうだが、意外にも世界的にはあまり類がなく、日本において特定の地域・時代に限られて使用されていたようだ。

錐を使った拷問「錐揉み責め」が、いつ頃から存在したのかは不明だが、室町時代後期に記された手習い読本『庭訓往来抄《ていきんおうらいしょう》』の「拷問」という項目に、「磔にして両手両足の爪を剥いだり、錐で脚を揉んだりすること」という記述がある。

方法は至って単純で、正座させた対象者の**膝に錐を突き立て、徐々に揉みこむように刺し進めていく**。尖った先端が傷つけるのは「一点」だが、激痛は神経を伝って全身に走る。錐は膝の肉を破き、ついに膝の皿に到達する。自白を拒めば**執行人はさらに錐を回転させ、無残にも骨を砕くまで突き刺す**のである。

室町時代中期の1438年、足利将軍家への反乱である「永享《えいきょう》の乱」が起きたときに、錐揉み責めが行われたという伝説がある。将軍家に盾突いた足利持氏《もちうじ》は敗れて自害し、擁立された遺児・春王丸らも、立てこもった結城城《ゆうきじょう》が落城して捕縛された。この際、内部情報や逃亡者の行方などを聞き出すため、捕らえられた春王丸の乳母が、錐揉み責めにかけられたのだ。戦記『結城戦場物語』によれば、**「目もあてられぬしだいなり」**という様子だったという。

もう一つ、平安時代を舞台にした説話「さんせう太夫」に、錐揉み責めが登場する。「さんせう太夫」は、森鷗外の小説「山椒大夫《さんしょうだゆう》」と、童話「安寿と厨子王《あんじゅとずしおう》」の基となったことでも知られる。極悪長者《ちょうじゃ》・山椒大夫のもとから弟の厨子王を逃亡させた姉の安寿がひどい拷問にかけられるのだが、その一つとして錐揉み責めが行われるのだ。「三又《みまた》の錐でもって、膝の皿をからりからりと揉《も》うで問う」

錐の先が皿の骨に当たる乾いた音が、あまりにもリアルでむごたらしい。その後、安寿はあらゆる拷問を受けて死に至る。次項で紹介する水責めも、安寿に行われた恐ろしい拷問の一つである。

恐るべき拷問と処刑　その㉘

水責め

みずぜめ

2014年12月、米中央情報局（CIA）が、国際テロ組織アルカイダのメンバーに対し、拷問を行っていたことが公表されて世界に衝撃を与えた。しかも、その中で頻繁に行われたのが、原始的な「水責め」だったというから驚きである。

水責めは、バケツ1杯ほどの水があれば十分成り立つ。拘束した対象者の顔を水の中に沈め押さえつける、引き上げることを繰り返すだけで、体に傷をつけず、多大な苦痛が与えられる。

その手軽さからか海外ではメジャーな拷問で、水責めの様子を様々なパターンで描いた絵画も残っている。日本でも古来「水火の責」と呼ばれ、水は火と共に、処罰や拷問によく用いられていた。特に、江戸時代には拷問の定番として、2パターンの水責めが広く行われた。

一つは、**窒息寸前まで大量に水を飲ませる方法だ**。対象者を半裸状態で梯子《はしご》に縛りつけ、横たえたうえで何度も何度も水を飲ませる。時には無理矢理口をこじ開け、柄杓《ひしゃく》で水を直接流し込むこともあった。腹がパンパンになったところで、頭を下にして梯子を立て、腹を押したり叩いたりして、胃に溜まった水を吐かせるのだ。これを延々と繰り返す。この拷問を受けた者は急速に体力を奪われ、**次第に水ではなく血を吐き**、場合によっては拷問の途中で死に至ったという。

もう一つは、**腰の高さまで水が入った密室に、長時間入れる方法だ**。いわゆる「水牢」である。呼吸ができるので苦痛は少なさそうだが、とんでもない。横になって休むことも眠ることもできないため、体力は奪われる一方だ。しかも、長時間水に浸《ひた》ることで体がふやけ、皮膚は腐敗し破れていく。冬には冷たい水が容赦なく体温を下げ、手足の感覚を奪っていった。

水責め（引用元：「日本刑罰風俗図史」）

水責めは正式な刑罰ではなかったため、加減を知らない執行人が手ひどい拷問を行うこともあった。幕府の直轄地を管理していた代官が、年貢を滞納している農民の妻や娘を水牢に入れ、完納するまで出さないこともあったというから恐ろしい。

恐るべき拷問と処刑　その㉙

現責め

うつつぜめ

仕事や試験勉強で徹夜をしたものの、次の日を迎えると頭がまったく働かなった、という経験をしたことがないだろうか。

徹夜でなくとも寝不足が続けば、体がだるい、食欲がない、考えがまとまらないといった症状が起きる。睡眠不足が限度を超えれば、妄想や幻覚、記憶障害などに見舞われ、最終的には精神に異常をきたして死に至るとさえいわれている。「眠らない」ということは、人間にとって命にも関わる危険な行為だ。

こうした危険を強いる拷問、つまりは**「眠らせない」ことで自白を促すのが「現《うつつ》責め」**である。現責めの「現」は、「正気」「現実」を意味する。処される者は、柱を背にしてくくりつけられ、座ることも許されない。その状態で自供を迫られ、口を割らないと、長時間立ったままの姿勢を強いられる。やがて夜になり眠りそうになると、**揺すられたり水を浴びせられたりして眠りが妨げられる**。これを**三日三晩繰り返し、供述を得る**のである。

この現責めに処されたとされるのが、江戸城大奥の御年寄《おとしより》（大奥女中の位。「上臈《じょうろう》御年寄」に継ぐ2番目の位で、大きな権力を有した）絵島《えじま》である。

1714年、絵島は墓参りの帰りに芝居小屋へ立ち寄った。芝居を演じていたのは、歌舞伎役者の生島新五郎《いくしましんごろう》ら。芝居の後、絵島は生島らを誘って茶屋で宴会を催したのだが、宴会に夢中になって大奥の門限を破ってしまう。これが発端となって、大奥の風紀の乱れが問題視されたと同時に、絵島は生島との密通を疑われてしまう。

絵島と生島新五郎を描いた錦絵（月岡芳年「新撰東錦絵 生島新五郎之話」）

生島は石抱きの拷問を受けて絵島との関係を自供するが、絵島は現責めを受けても生島と関係があったとは口にしなかった。

結局、絵島と生島は遠島《えんとう》（流罪）が言い渡され、生島は三宅島《みやけじま》へ送られた。絵島は仕えていた月《げっ》光院《こういん》（6代将軍家宣《いえのぶ》の側室）の嘆願により罪が減じられ、信州高遠藩《しんしゅうたかとおはん》へ送られたが、この地で死ぬまで幽閉生活を強いられることとなった。

恐るべき拷問と処刑　その㉚

燻し責め

いぶしぜめ

吉原を中心とする遊郭街は、江戸時代の性風俗の中心地として栄えたが、過酷な労働環境ゆえに、遊女の脱走や客との駆け落ち事件が後を絶たなかった。

このような脱走した遊女、あるいは客を取らない遊女を罰するために生み出されたのが、「燻《いぶ》し責め」である。

捕まった脱走遊女は、店の仕置部屋に閉じ込められ、着物を剥がされて縄で縛り上げられる。動けなくなったことが確認されると、仕置人は遊女の眼前に草木を積み上げ、火をつける。

しかし、火あぶりのように火の熱で苦しめるというわけではない。仕置きに使われるのは、火ではなくあくまで煙だ。煙が十分に立ち込めてくると、団扇《うちわ》で扇ぎ、遊女の顔へと向かわせるのである。

煙というのは、想像以上に呼吸器や粘膜を傷つけるもので、燻される遊女は呼吸困難でむせ返るだけでなく、目鼻の粘膜に強烈な痛みを感じて苦しむことになる。

しかも、燃やされる植物には、**唐辛子やニラなど、刺激の強いものが使われた**。あまりの苦しみに気絶したとしても、顔に唐辛子を塗られて強制的に目覚めさせられ、またもや顔を刺激物満載の煙で燻される。遊女が罪を反省し、雇い主への絶対服従を誓うまでこの拷問は続けられるのだ。

燻し責めでは、商品である遊女の体に外傷が残ることはまずない。しかしながら、普通の仕置きと同等かそれ以上の苦しみを与えることができる。そのため、遊郭における拷問に適していると考えられたのだろう。

ちなみに、遊郭以外でも、奉行所において「焚松責め」という、同じような拷問が行われていたとも言われている。

遊郭では燻し責め以外にも、体をくすぐり続けて苦しめるくすぐり責めなど、遊女の体に傷をつけないような仕置きが考案された。ただし、脱走を何度も繰り返し、主人に反抗するなど態度が改まらない場合には、商品価値が下がるのも覚悟のうえで、体罰が与えられていたという。

華やかに彩られた遊郭街にも、裏側では仕置きと恐怖が支配する、負の一面が隠されていたのである。

恐るべき拷問と処刑　その㉛

俵責め

たわらぜめ

戦国時代に来日した宣教師は、キリストの教えだけでなく、西洋の技術や知識も日本にもたらした。中でも戦国大名の注目を集めたのが、兵器である。織田信長をはじめとした諸大名は西洋の兵器を手にすべく、宣教師の求めに応じて領地での布教を許したため、キリスト教は一時期、日本全国に広まるほどの勢いを見せていた。

だが戦乱の世が落ち着くと、キリスト教国による侵略が危惧されるようになる。豊臣秀吉は布教を禁じ、徳川家もキリスト教を邪教と認定して、キリシタンに棄教を迫っていく。

例えば江戸時代初期には、キリシタンに対して「俵責め」という拷問が行われた。

拷問にかけられる者はまず、縄で体をきつく縛られてから、米俵へ入れられる。身動きができなくなると対象者は引き回され、最後に**河原や野原に積み上げられていく**のだ。

人が積まれれば積まれるほど、下の人の苦しみは増す。刑場が野外であったことから、冬には寒さが、夏には暑さと害虫が体を蝕んだ。

俵責めが行われ始めた頃は、手間をかけずに棄教させられる、優れた方法だと評価されていた。興味本位で入信した者なら、俵責めの辛さに、すぐに音を上げてしまうからだ。地面に寝転がって許しを請うその姿から、俵責めによって棄教したキリシタンは**「転びキリシタン」**と呼ばれたという。

だが、時代が下ると俵責めはあまり行われなくなった。堅強なキリシタンを棄教させるには不十分だったからだ。

丹波国（現在の京都府西部と兵庫県東部）の元領主の妹である内藤ジュリアも、俵責めを受けた一人だ。女性修道会の修道女と共に俵へ詰められ五条河原《ごじょうがわら》に放置されたが、他の信徒が転んでいく中でも決して屈さず、**8日間もの俵責めに耐え抜いた**。

このように、俵責めは心身が強靭な者には効果が薄く、信心深い信徒を屈服させられないケースも多かった。そのため幕府と諸藩は、次項以降で紹介するような過激な拷問や処刑を続々と生み出し、キリシタンを苦しめ虐殺していったのである。

俵責め。この拷問で棄教しなかったジュリアたちはその後、ルソン島に追放された

恐るべき拷問と処刑　その㉜

穴吊るし

あなつるし

戦国時代末期から江戸時代中期の間は、キリシタンへの迫害が苛烈を極めた。キリシタンを対象にした残酷な拷問が次々と生み出されていったのも、この時期である。

キリシタン弾圧用の拷問に「穴吊るし」というものがある。江戸時代初期、長崎奉行所の曾我又右衛門が、「逆さ吊り」を進化させて考案したという説が有力だ。

拷問の対象者は、体を縄で縛り上げられ、井戸の釣瓶《つるべ》や吊り下げ用の台で逆さまに吊るされる。続いて棒で全身を滅多打ちにされるのだが、ここまでは逆さ吊りと変わらない。穴吊るしの場合は充分に痛めつけられると、対象者は**真下に掘られた穴に吊り下げられたまま、放置されるのだ。**

人は長時間逆さまにされると、頭に血が下がって顔が真っ赤に膨れ上がり、最後は目口鼻から血が滴り落ちる。**加えて、「穴」という暗闇へ長く閉じ込められることで、精神は多大なダメージを負う**。

そうした心身へ苦痛は人間の限界を超えており、百戦錬磨の豪傑であっても長くは耐えられなかった。3日程度で心が折れる者もいたし、最悪の場合は発狂死することもあった。

この穴吊るしにかけられたことで知られるのが、フェレイラと中浦ジュリアンという2人のキリシタンだ。フェレイラはイエズス会の宣教師で、遠藤周作の小説『沈黙』に登場する宣教師のモデルでもある。一方のジュリアンは、欧州使節団としてローマ教皇へ謁見したことのあるキリスト教徒だった。

二人とも信仰心は篤かったが、それでも穴吊るしの苦痛には勝てなかった。フェレイラは開始から数時間で泣き叫びながら棄教を宣言。ジュリアンは、棄教を拒み続けたあげく、数日後に死亡した。

穴吊るし。中浦ジュリアンとフェレイラは 1633 年にこの拷問を受けた

中には10日以上耐え切った例もあるが、その場合でも最後は足の縄を切られて転落死した。

一度穴吊るしにかけられたキリシタンは、キリストの教えを捨てるかそのまま死ぬかの選択肢しかなかったのである。

恐るべき拷問と処刑　その㉝

雲仙地獄

うんぜんじごく

長崎県島原半島の中央にそびえる火山・雲仙岳《うんぜんだけ》。日本有数の温泉地として有名である。約30カ所の源泉湧出《ゆうしゅつ》部が集まった地帯「雲仙地獄」は、湯けむりがモクモクと立ち上り強い硫黄臭《いおうしゅう》が鼻をつく。その名のごとく地獄を思わせる迫力だ。

今でこそ、温泉保養地として多くの人の心身を癒《いや》しているが、１６２７年から数年の間は徳川幕府がキリシタンを弾圧するために利用した、「拷問の舞台」だったのである。

ここで行われた「雲仙地獄（雲仙責め）」では、33人のキリシタンが殉教《じゅんきょう》（自分の信仰を貫いたことが原因で死亡すること）したという。

島原領主だった松倉重政《まつくらしげまさ》は、3代将軍家光にキリシタン対策の甘さを指摘されたことで、激しい弾圧を行い始めた。それでも信仰を捨てない信者たちに重政は業《ごう》を煮やし、「裸にした信者に、雲仙の沸き立つ熱湯をかける」という拷問を新たに考え出した。

１００度近い熱湯をかけられれば、普通の人ならすぐに音《ね》を上げただろう。しかし、キリシタンの中には皮膚がただれても祈り、賛美歌を歌い続けて我慢する者も多かった。

　これに役人は激怒し、雲仙地獄はどんどんエスカレートしていく。熱湯をかけ、気絶したら手当てをして再び熱湯をかけてと苦痛を長引かせるのは序の口で、**体のあちこちを刀で傷つけ、傷口に熱湯を注ぐ**場合もあった。そして皆、最後には役人に背中を押され、**フツフツと硫黄泉が煮えたぎる湯壺に落とされていった**のである。

　雲仙での殉教者の中でも、パウロ内堀作右衛門が受けた拷問は、特に壮絶だった。彼は雲仙地獄の前に、すでに両手の3本の指を切り落とされ、額に「切《きり》支《し》丹《たん》」と焼印をされていた。しかしその後も熱心に宣教を続けたことで、ついに雲仙に立たされた。

雲仙地獄で熱湯をかける様子（引用元：「日本キリシタン殉教史」）

　両足を縛られ、頭から雲仙の湯壺に投げ入れられる作右衛門。すぐに引き上げられたかと思えばまた湯壺に投げ入れられ、計3度も落とされた。彼の全身は、**もはや誰かも判別できないほど、焼け崩れてしまった**という。

　人間に対してここまで残酷な仕打ちができる役人にも驚くが、どんな拷問にも屈せず、信仰を貫く信者にも圧倒されるばかりである。

恐るべき拷問と処刑　その㉞

炭火責め

すみびぜめ

熱を保つ炭は、古くから暖房や調理などに幅広く使われていたが、その一方で、残虐な拷問の道具として利用されることも少なくなかった。

1331年には、後醍醐《ごだいご》天皇の幕府転覆計画を知った鎌倉幕府が計画の全容を白状させるべく、天皇の側近であり歌人の二条為明《にじょうためあき》を、炭火であぶった青竹の上を歩かせる拷問にかけようとした。

ただ、この際は為明の詠んだ「思ひきや　わが敷島の　道ならで　うき世のことを　とはるべしとは（自分の家業のことではなく俗世間のことで尋問にかけられるとは思いもよらなかった）」という和歌に感動した役人が拷問を中止し、事なきを得ている。

時を経て江戸時代にも、炭を使った拷問が行われていた。「炭火責め」という拷問が、多くの人々を苦しめていたのだ。

過激なキリシタン弾圧者として有名な長崎奉行・竹中重義《たけなかしげよし》は、日本からキリスト教を撲滅するために、多くの拷問を発案していった。その一つが炭火責めである。

棄教を拒んだキリシタンは、下着姿にされて拷問場へと連れていかれる。そこで彼らが目にするものは、真っ赤に燃えた大量の炭火。青竹が敷かれることもなく、**対象者は直《じか》に炭火の上で正座させられる**のだ。

拷問を受けたキリシタンは誰もが炭火から逃れようと暴れたが、役人から棒で押し戻されたために、足だけでなく全身に大火傷を負うことになった。時には、役人が目の前で炭火を吹き、熱さを倍増させることもあったというから意地が悪い。

外国人宣教師への宿貸しの罪で投獄された島原の医者・トマス宗信と息子のヨハネ印東天平も、炭火責めを受けた被害者である。二人は熱心なキリスト教徒だったが炭火の苦痛には耐え切れず、転げまわって全身が焼かれ、皮膚がひび割れるほどの重傷を負った。体に火が回り過ぎて、**口から煙が吐き出されたという**。

この炭火責め以外にも、キリシタンは数多の拷問を科され、地獄の苦しみが与えられた。江戸時代はキリスト教徒にとって、最も生きにくい恐怖の時代だったのである。

恐るべき拷問と処刑　その㉟

刻み責め

きざみぜめ

耳を削《そ》ぐ、鼻を削ぐ、指を１本ずつ切り落とす――かつて日本には、人の体を少しずつ解体していく恐ろしい拷問があった。７５７年には密謀容疑で捕らえられた橘奈良麻呂《たちばなのならまろ》の関係者が「耳削ぎ」や「鼻削ぎ」の拷問を受け、１１８５年にも平時忠《たいらのときただ》が後白河《ごしらかわ》法皇の従者・花形の鼻を削ぎ取ったという逸話が残されている。

このような人の体を切り刻む拷問は、江戸時代になっても「刻み責め」という名で残った。**ハサミやヤットコ（ペンチに似た鉄製工具）などで体の一部を切り取っていく**拷問で、切断されるのは、**指、鼻、耳、腹や背中の肉など、体のあらゆる箇所に及んだ。**

体の一部の切断は、対象者へ絶大な恐怖と苦痛を与えることが可能なうえ、鼻や耳を削げば他者への見せしめにもなる。そうした理由から、刻み責めは幕府のみならず、諸藩でも実行されていた。その例として、１６１４年、キリシタンのアデリヤノ木戸半右衛門に対して行われた拷問がある。

有馬（現在の福岡県久留米市）で捕らえられたアデリヤノは、奉行所で棄教に応じなかったため、刻み責めに処された。まずじゃ**鋸《のこぎり》で両手の指を1本ずつ切り取られ、次いで鼻を削ぎ落とされた**。そしてそのまま、服を剥ぎ取られた全裸の姿で処刑場へと連行されるアデリヤノ。傷つき、体力が低下していたため、何度か転んでしまった。すると役人たちは、倒れたアデリヤノを取り囲んで指を差し、**「信仰が足りないから転ぶのだ」と罵り笑った**のである。

苦痛と屈辱を目いっぱいに味わったアデリヤノは、処刑場で首を切られて命を落とした。

刻み責めでは、鋸のみならずハサミで拷問を執行することも多かったが、いずれにせよ体が切り取られていく激痛に対象者が苛まれたことに変わりはない。仮に一命をとりとめたとしても、肉を引きちぎられた無残な姿で生きていかなければならなかったのである。

中国では、清代まで「凌遅（りょうち）刑」が行われていた。刻み責めのように、生きた人間の生身の体の肉を少しずつ切り落としていく

恐るべき拷問と処刑　その㊱

蛇責め

へびぜめ

老若男女を問わず、蛇が苦手な人は少なくないだろう。ということは、拷問の道具として、蛇はうってつけだということだ。

実際、鎌倉時代には**口の中に蛇を突っ込む**という、非常に直接的で乱暴な拷問が行われていた。また、安土桃山時代にはキリシタン弾圧の際、女性に対して「蛇責め」という拷問が多く見られた。

手足を縛られたキリシタンの女性は、大量の蛇と一緒に壺や桶に放り込まれる。それを囲んで周りの者が棒で叩いたり、火や湯をかけたりして蛇を刺激するのが蛇責めだ。

驚いた蛇は、他の蛇や女性の肉など、一番近くにあるものに見境なく噛みつく。蛇は穴に入り込む習性があるため、樽の中で逃げ場をなくした蛇が、**局部や肛門に潜り込むこともあった**そうだ。

蛇が体内に入ってしまえば、体中を覆ったウロコがストッパーとなって、容易に引き抜くことはできない。蛇は呼吸困難の苦しみから内臓や筋肉を噛みちぎるため、女性は壮絶な苦しみを味わうことにあり、拷問の途中で絶命した者もいたといわれている。

神道家・吉田兼見《よしだかねみ》が記した『兼見卿記《かねみきょうき》』には、「今日宗易女《そうえきのおんな》・同息女石田治部少輔《いしだじぶのしょうゆう》に於《お》いて拷問、蛇責めつかまつるの由《よし》」と記録が残っている。

茶人・千利休が切腹を命じられた10日後に、石田三成が利休の妻と娘を土牢の中で蛇責めにかけたという噂を、京から帰ってきた者から伝え聞いたという内容だ。

実際に蛇責めを行ったかは定かではないが、こういうことをやりかねないという評判が立つほど、三成は残虐だと思われていたことがうかがい知れる。

ところで、日本以外でも蛇責めに似た拷問や刑罰は存在した。例えば古代中国には、大量の毒蛇やサソリを入れた大きな穴に罪人を突き落とす、「蠆盆《たいぼん》」という刑があった。また、ヨーロッパでは、何千匹という大蛇を放した洞窟に罪人を投げ込み、蛇に噛み殺されるまで放置される「薔薇《ばら》の洞窟」という処刑法があった。

これらの蛇を使った処刑・拷問は、行う側が、蛇が体を這う恐怖でよがり苦しむ姿を**「見て楽しむ」ことを主な目的とした**というから、悪趣味の極みである。

恐るべき拷問と処刑　その㊲

三角木馬《さんかくもくば》

拷問器具には、考案した者の神経を疑いたくなるような、悪趣味なものも多い。主にキリシタン弾圧の責め具として使われた「三角木馬」も、その一つだ。

三角木馬は、背を鋭く尖らせた三角形の木材に4本の脚がついた、非常に単純な形をしている。この単純な形をした器具が、人の尊厳を無視した恥辱と残酷さを与える。

木馬責めを受ける者は両手を後ろに縛られ、裸同然の状態で木馬の背に当たる部分、つまりは三角の頂点に座らされる。背の角度は45度から60度ほどもあり、**鋭い刃物の先に座っているような状態**だ。尖った部分は性器や肛門を直撃するが、両手で体を支えることができないので、全体重が股間にかかる。

木馬から転がり落ちないよう、体の一部は天井につながれているため、抵抗しようにも当たる位置をずらすぐらいしかできない。木馬の鋭い背は時間と共に容赦なく股間に食い込み、傷つけていく。そのまま長時間放置されることもあり、木馬の下は大量の血で染まり、**最後には股が裂けることもあった**という。

木馬責めは、執行側としては非常に楽な拷問だった。手持ち無沙汰とばかりに、木馬を叩いたり揺さぶったりする執行役もいたというから質《たち》が悪い。時には、足に石などの重りを括りつけられることもあったという。特に女性にとっては、痛みだけでなく想像を絶する屈辱を感じたことだろう。

木馬責めに似た拷問は、「木馬」「ロバ」など、様々な呼称で世界中に存在する。中世ヨーロッパの「魔女裁判」で使用された他、17〜18世紀には、各国軍隊の刑罰としても使用されていた。

特に有名なのは、ヨーロッパの**「ユダのゆりかご」**という、ピラミッドのような三角錐の拷問器具だ。台座の頂点に受刑者は陰部や肛門をあてがわれ、そのまま降ろされて後は放置される。あとは自らの重みで下半身が裂かれていくのである。

ヨーロッパのユダのゆりかご。木馬の部分が三角錐になっているのが特徴（©Flominator）

このユダのゆりかごにかけられるのは、美女が多かったとされている。

恐るべき拷問と処刑　その㊳

糞尿責め

ふんにょうぜめ

下水道が整い、水洗トイレが普及した現在では、自分が排泄した糞尿《ふんにょう》を見るのは、流すまでのわずかな時間だけだろう。ましてや、他人のものとなると、医療や介護の現場などを除き、目にする機会はほとんどないと思われる。

しかし、昭和40年頃までは田畑の側に肥溜《こえだ》めがあって、肥料となる糞尿を溜めていた。家庭においても古い和式の汲み取り便所であれば、下に溜まった糞尿を見ることができた。

とはいえ、一部のマニアを除けば、糞尿というものは汚くて臭い、嫌悪の対象だと言えるだろう。そんな糞尿を利用した拷問が「糞尿責め（汚物責め）」である。

江戸時代初期の町奉行・米津田政《よねきつただまさ》（米津勘兵衛）が、この拷問を行ったという記録が残っている。糞尿責めの対象者は、全裸にされて縛られ、肥溜めに顔をつけられ、場合によっては全身を沈められる。**鼻の穴や耳の穴には汚物が入り込み、呼吸が苦しくて口を開ければ、喉の中にも入り込んでくる**。夏場ならウジ虫も入り込み、体内を這いずり回るだろう。

暴れる被疑者の動きで糞尿が飛び散るため、被疑者だけでなく、執行する側も辟易《へきえき》したことは想像に難くない。

また、拷問ではないが、リンチとして牢屋で行われたとされるのが、**「ご馳走責め」**だ。「ご馳走」と言っても、**与えられるのは食事ではなく大便**。これを椀に盛って、気に入らない囚人に食べさせるというわけだ。

江戸時代の牢屋は、囚人による自治制がとられていた。トップが「牢名主《ろうなぬし》」で、その下には「添役」「角役」「二番役」といった仕切り役が置かれていた。そして、これら仕切り役は、牢内の規律を乱す者に対して「作造り」と呼ばれるリンチを加え、場合によっては死に至らしめることもあったという。

ご馳走責めは作造りの一つとされ、大便を食べさせられた者は腹痛などを起こし、命を落とすこともあったそうだ。

ちなみに、「いびきがうるさい」程度の理由で、作造りの対象となり殺された囚人もいたようだ。

『北斎漫画』に描かれた厠（かわや）の様子。手前には鼻をつまむ人々が描かれている

恐るべき拷問と処刑　その㊴

潰し責め

つぶしぜめ

タンスの角に足の小指をぶつけ、動けなくなる——多くの人は、あの痛さを思い出すだけで顔をしかめてしまうのではないか。指先には多くの神経が集まっているため、少しの衝撃で、目玉が飛び出るような痛みを伴う。

その強烈な痛みを引きおこす拷問が、「潰し責め」である。**指先を石で1本ずつ砕いていく、もしくは足の骨を万力のような道具で挟んで骨を砕く**という拷問だ。

対象者の体の自由を奪わうと、執行者はその指先めがけて、全力で石を振り下ろす。そしてガンガンと骨を砕くまで容赦なく、ご丁寧に1本1本潰していく。

また、**ネジのついた万力《まんりき》の間に左右の指をはめ込み、血が噴き出すまでジワジワと締めていく拷問もあった**。ずっと締めつけていると、痛みが麻痺して苦痛がなくなるので、時には緩めてまた締めつけ、これを繰り返して最後には骨を砕いてしまうのだ。

万力のような器具を使うこともあるが、石一つあれば誰でもできるので、特別な設備や場所はいらない。

そんな手軽な拷問でありながら、潰し責めは自白させる効果が絶大だった。行う前から泣き叫び、許しを請う者は多数いたという。

より苦痛を伴う拷問は他にもあったにもかかわらず、この拷問がこれだけ嫌がられたのは、指、特に親指をなくしてしまえば日常生活に大きな影響が出るためだ。手の親指が使えなくなれば物が持てなくなり、足の親指が使えなくなれば力が入らず立てなくなる。変化が目立たないにもかかわらず、日常生活が絶望的に成り立たなくなるというわけだ。

満足な社会生活が送れなくなるつらさを推し量れば、潰し責めに恐れおののく気持ちはよくわかる。同様の拷問は海外でも行われており、専用の拷問具が各国の博物館などで展示されている。

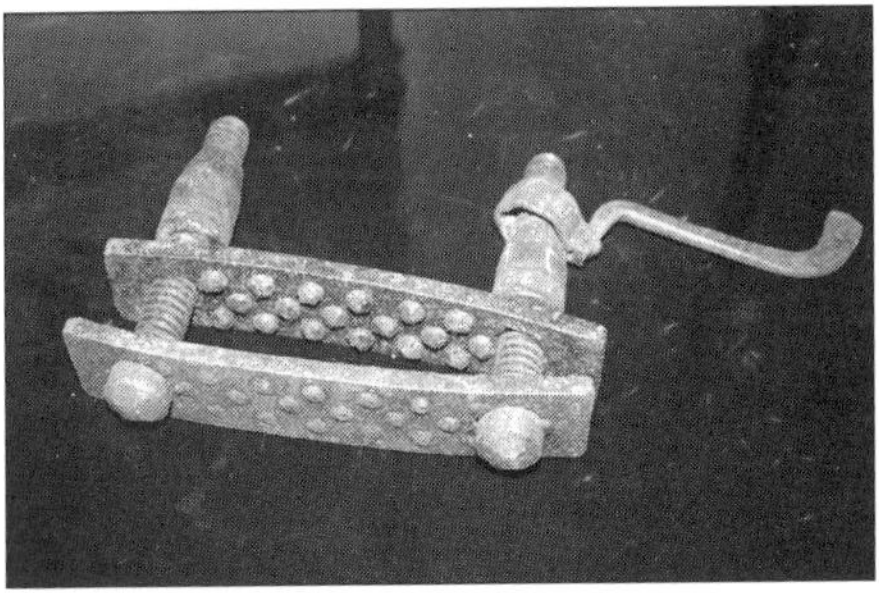
潰し責めに近い拷問は海外でも行われていた。写真はヨーロッパで使用されていた指を潰すための拷問具（©Angel Aroca Escamez）

恐るべき拷問と処刑　その㊵

塩責め
しおぜめ

塩を用いた刑罰は、古くから世界中で行われた。春秋戦国時代の中国では、主君に反乱を起こした子路《しろ》という男が、死後に死体を塩漬けされたという。

日本でも、見せしめ目的で死体を塩漬けにしていたが、時には**生きた人間を塩で痛めつける処罰を実行していた**ようだ。そのような刑罰あるいは拷問を、「塩責め」と呼ぶ。

塩責めの刑を言い渡された者は、まず笞《むち》や刃物で体に傷をつけられる。この時点ですでに拷問だが、塩責めではただの下準備に過ぎない。

対象者の体が全身傷だらけになると、いよいよ処刑が開始される。大量の塩を抱えた処刑人が四方から塩を浴びせかけたり、塩を満載した樽へ対象者の体を漬けさせるのだ。

塩は傷口にしみて、猛烈な痛みを引き起こす性質がある。悪い状況がさらに悪化する様子を表す「傷口に塩」という諺《ことわざ》は、この事実を踏まえている。

痛みが全身を蝕む中、塩は大量にかけられていく。尋常ではない痛みに、屈強な大男でも泣き叫んだと言われ、一度塩責めにかけられたが最後、対象者は**痛みのあまりに悶死するか、体力を消耗しきって衰弱死**することになった。

この塩責めの処刑に関する逸話が、高知県宿毛《すくも》市に残っている。

1600年代中頃より同地を治めた山内節氏《ときうじ》は、お那珂《なか》という奉公人の女と過ちを犯し、彼女を妊娠させてしまった。生まれたのが男の子だったことから、世継ぎ問題になることを嫌った節氏とその家臣は、子どもを始末するよう侍女《じじょ》に命令した。

不憫に思った侍女は子どもを隠して虚偽の報告をしたが、15年後にほとぼりが冷めたと思い込んだお那珂が事実を暴露すると、事態は急変。子どもは切腹となり、侍女とお那珂は塩責めに処された。2人は苦しみに耐えきれず死んでしまったという。

鼠小僧捕縛の様子を描いた錦絵（歌川国貞「踊形容外題尽 鼠小紋東君新形桶の口の場」）

また、江戸時代の大泥棒・鼠《ねずみ》小僧が捕縛後に受けた拷問の中に塩責めが含まれていたという説もある。真偽のほどは定かではないが、塩が拷問・処刑道具として恐ろしいものだったからこそ、こうした逸話が広がったのだろう。

恐るべき拷問と処刑　その㊶

舌切り《したきり》

舌は「美味しい」「まずい」を感じるだけでなく、味覚や感覚で食料の安全を確かめる機能もある。そんな敏感な場所だけあって、痛みも感じやすい。誤って舌を噛んでしまい痛い思いをしたことがある人は多いだろう。噛むだけであれほどの痛みが生じるのだから、抜かれたり切られたりしたら、七転八倒の激痛を感じることは、容易に想像できる。言い換えれば「舌切り」は、拷問にもってこいということだ。

ただし、舌を切ったり抜いたりしてしまえば、対象者はしゃべることができなくなるため、自白を引き出せなくなるリスクが伴う。したがって、日本ではなかなか屈服しない者に対し、他の拷問方法が尽きてしまった場合の「最終手段」として行われることが多かったようだ。

そんな舌切りの拷問を受けたとされるのが、室町時代の僧侶・日親《にっしん》である。日蓮宗の僧であった日親は、6代将軍・足利義教《よしのり》と面会した際、日蓮の教えに従って国を治めることと、義教の改宗を迫った。代々臨済宗に帰依していた足利将軍家に、転換を求めたのだ。

日親の主張を聞いて義教は激怒し、今後の面会と布教活動を禁じた。それでも、日親が『立正治国論《りっしょうちこくろん》』を記して法華経《ほけきょう》のみを信仰するよう説くと、業《ごう》を煮やした義教は日親を捕らえて投獄し、「火責め」「水責め」で持論の撤回を迫った。だが、日親が信念を曲げないとみると、**熱く空焚《からだ》きした鉄鍋を頭に被せてしまった**のである。

真っ赤に焼けた鍋を被った日親は、痛みに耐えながらも、「南無妙法蓮華経《なむみょうほうれんげきょう》」の題目《だいもく》を唱え続けた。そこで義教は、二度と題目を唱えられないようにと、**日親の舌の端を切ってしまった**とされる。

ちなみに、このときの鍋は日親の頭の皮膚に焦げついて取れなくなり、82歳で没するまで被り続けたという恐ろしい伝説がある。こうした逸話から、日親は「鍋冠上人《なべかぶりしょうにん》」とも呼ばれている。

これ以外に、刑罰として日本で舌切りや舌抜きが行われたという記録は少ない。舌に損傷を与えると、自白を得るのが難しくなると考えられたからだろう。むしろプライドの高い武士などは、ひどい拷問の末に自白を拒み、自ら舌を噛み切り自害するケースもあったようだ。

恐るべき拷問と処刑　その㊷

石子詰め

いしこづめ

高野山は熊野、吉野・大峯《おおみね》と共に「紀伊山地《きいさんち》の霊場《れいじょう》と参詣道《さんけいみち》」として世界遺産に登録されている。そんな聖地の奥の院に、「石子詰め」の刑場跡があることをご存じだろうか。

石子詰めとは、深い穴の中に縛った罪人を生きたまま首から上だけ地上に出るように立たせ、土や石を放り込み、最後には圧殺する処刑だ。

対象者が味わうのは、ジワジワ迫りくる窒息の恐怖だけではない。**土の中では石や土の重みで骨が次第にきしみ折れ、皮膚や肉は傷ついていく**。しかも、意識がある中で、地中では虫が体中を這いずり、あらゆる穴から体内に入り込んでいくのである。

江戸時代中期、高野山の過酷な年貢取り立てを幕府に直訴した庄屋・戸谷《とや》新右衛門が、僧侶から報復としてこの刑に処されたという話が伝わっている。また、高野山以外の地域でも、奈良の春日大社《かすがたいしゃ》には、狛犬を盗んだ山伏が川で石子詰めの刑に処されたという記録が残っている。

さらに江戸時代からは、「奈良菩提院《ぼだいいん》の三作」の伝説が、石子詰めの例として広く伝わった。対象者は、興福寺の稚児《ちご》・三作である。春日大社の鹿を追い払おうと習字で使っていた文鎮《ぶんちん》を投げたところ、誤って鹿を死なせてしまった。鹿を神の使いとみなす春日大社では、大罪である。三作は「神鹿を殺した罪」で、鹿の死体と一緒に石子詰めにされたという。

石子詰めは、主に仏教や神道の世界で用いられた。背景には、血を穢《けが》れとみなして避ける価値観がある。斬首などと違い血が出ないことから、石子詰めが採用されたのだろう。

石を使った処刑は古くから世界に存在し、図のようにアステカなどでも行われていた

また、集団のルールを守らなかった者への「リンチ」として、石子詰めが採用されることもあった。埋められた者に大勢で石を投げつけるというもので、見せしめの意味もあり、石打ち刑とほとんど同じだ。

世界に目を向ければ、イスラム圏では**現在も石打ち刑が存在**し、インターネット上の動画などで見ることができる。地面から出た首に向かって大勢の人が石を投げつけるシーンはあまりにも痛々しく、思わず目を背けてしまう。

恐るべき拷問と処刑　その㊸

釘打ち

くぎうち

1864年、維新の風が吹き荒れる京の街で、旅館の池田屋に集まった尊皇攘夷派《そんのうじょういは》の長州藩士らを、佐幕派の新選組が襲撃した。かの有名な「池田屋事件」である。尊王攘夷を目的とするクーデターを未然に防いだ新選組は、一躍その名を轟かせた。

新選組がクーデターを阻止できたのは、「釘打ち」という拷問のおかげである。というのも、新選組はこの拷問を行うことによって、クーデターの情報を引き出すことに成功したからだ。

犠牲になったのは、古道具などを扱う枡屋の主人・古高俊太郎《ふるたかしゅんたろう》。枡屋は武器貯蔵庫と潜伏先を兼ねる、過激派尊皇志士たちのアジトのような場所だった。

新選組に捕縛された古高は様々な拷問にかけられたが、古高は自分の名前以外、何も語ろうとしない。これに業を煮やした新選組副長・土方歳三《ひじかたとしぞう》が「究極の仕置き」として行ったのが、五寸釘を使った釘打ちだった。

古高は後ろ手に縛り上げられ、2階から逆さ吊りにされると、足の甲から五寸釘を打たれた。五寸釘は骨と肉を砕き破り、足の裏まで突き抜けた。その突き抜けた先に、新選組は**ロウソクを立てて火をつけた**。

ロウソクは時間が経過すればだんだん溶けていく。すると**高温のロウが、釘を打ち込まれた足の裏の傷口に、ダラダラと垂れ流れる**。その熱さと強烈な痛みに、さすがの古高も耐えきれなくなった。そして、「風の強い日を選んで御所に火を放ち、佐幕派大名らを殺害して天皇を拉致し、長州に連れていく」という、尊皇攘夷派の計画の一部を漏らしたのである。新選組はこの情報をもとに、長州藩士らの集まる池田屋を襲撃したのだった。

古高俊太郎に釘打ちを行うよう命じた土方歳三

また、昭和初期には、プロレタリア文学作家の小林《こばやし》多喜二《たきじ》も、特別高等警察（特高《とっこう》）から釘を使った拷問を受けたとされる。拷問により獄中で死亡した彼の亡骸《なきがら》には、左右の股の上に、**釘が打ち込まれたらしい穴の跡が15～16も残っていた**という。

恐るべき拷問と処刑　その㊹

鉄砲《てっぽう》／革手錠《かわてじょう》

江戸時代の気風が残る明治時代初期には、警察が自白を拒む被疑者を拷問することが多々あった。

明治時代初期の警官が好んで使った拷問に、「鉄砲」というものがある。名前から「銃殺刑」のようなものだと思うかもしれないが、実際に用意されるのは、短い縄と茶碗だ。

警官は対象者の腕を背中に回させる。片方は肩側から、もう一方の腕は脇側からだ。両方の腕を強引に引き寄せると、両方の親指を重ねた状態で縛ったのち、茶碗を被せて放置する。このときの腕の形が鉄砲を抱えているように見えることから、鉄砲という名がつけられたという。

親指以外は基本的に拘束されないが、腕を長時間無理な姿勢で固定されると、**次第に血流が悪化し、筋肉が硬直し始める。1時間もしないうちに猛烈な痛みを伴う**ようになるが、体が柔らかくなければ痛みはもっと早くに現れた。

やり過ぎれば腕に障害が残ることもあったというが、警官からすれば、手間をかけずに効率的に苦痛を与えられ、対象者には外傷が残りにくい。関係者の口を封じれば、外部への発覚を防ぐこともできた。

そんな鉄砲の進化系とも言える拷問が、「革手錠」である。進化といっても、縄や茶碗が革製ベルトと手錠に変えられただけで、内容に大きな変化はない。つまり、利便性と秘匿性が高いということである。そのため戦前戦中を通じて、特高警察などで長く使われていた。

この拷問を、「八海《やかい》事件」で冤罪逮捕された阿藤周平氏も受けている。山口県熊毛郡麻《お》郷《ごう》村八海で発生した強盗殺人の被疑者として、阿藤氏は取り調べを受けた。その最中、**警官に何度も革手錠で締め上げられて自白を迫られた**と、手記の中に記している。

八海事件が起きて、阿藤氏が冤罪逮捕されたのは１９５１年。つまり、**戦後になっても革手錠を使った拷問は陰で行われていた**ことになる。誰も見ていないから大丈夫だと思ってしまうと、人は簡単に残忍な行動をとれるのかもしれない。

恐るべき拷問と処刑　その㊺

爪剥ぎ

つめはぎ

指先は神経が集中しており、痛みに敏感である。そんな弱点を突く拷問として、日本では長らく「爪剥ぎ」という拷問が行われてきた。

爪剥ぎの記述は、現存する日本最古の歴史書『古事記』に残っている。素戔嗚尊《すさのおのみこと》の乱暴に耐え兼ねて天岩戸《あまのいわと》に隠れた天照大神《あまてらすおおみかみ》をおびき出そうと、神々が岩戸前で宴会を開いた話は有名だが、この話には続きがある。天照大神が引きこもる原因をつくった罰として、素戔嗚尊は手足の爪全てを剥がされたあげく、髪を剃られて神の世界から追放されたのだ。

もちろんこれは神話だが、爪剥ぎが『古事記』編纂《へんさん》時期に行われていたからこそ、こうした記述が生まれたと推測することはできる。

爪剥ぎはどのように行われたのか？　ペンチなどで生爪を剥がしたり、**釘などで直接叩き割る**ことも少なくなかったようだ。爪を剥いでむき出しになった部分に**小刀を突き刺し、塩や唐辛子を塗りこみ激痛を最大限に引き上げることもあった**とされる。

爪剥ぎを得意としていたのは、戦前に存在した特別高等警察、いわゆる「特高《とっこう》」だ。特高は共産主義者などの不穏分子を取り締まるべく明治末に組織された政府直属の秘密警察で、拷問を取り調べに活用していた。

三・一五事件の被告たち。殴る蹴るの暴行はもとより、爪剥ぎも受けたと言われる

1928年3月、政府が共産党員の弾圧を決定したため、特高は全国で3000人以上の該当者を逮捕した（三・一五事件）。この逮捕者らに対し、特高は殴る蹴るの暴行は言うに及ばず、爪剥ぎも行っている。**爪の間に楊枝《ようじ》や釘を打ち込み、それらを火であぶる拷問もあった**という。

ちなみに海外では、2013年10月、台湾・基《きい》隆《るん》市《し》の暴力団が借金を滞納した女性に対して取り立てと称し、爪剥ぎをはじめとする暴力行為を繰り返していた事件が発覚している。

爪剥ぎは、ペンチ一つあれば実行できる手軽な拷問である。そのため、裏社会の世界では今なお用いられているようだ。

第三章 厳しい罰と不条理な仕打ち

恐るべき拷問と処刑　その㊻

入れ墨《いれずみ》（額）

額へ「入れ墨」をする刑罰の歴史は古い。例えば『日本書紀』によると、履中《りちゅう》天皇の治世に、弟である住吉仲皇子《すみのえのなかつおうじ》の反逆に連座した阿曇浜子《あずみのはまこ》が、目の上に入れ墨を施されたという記録が残っている。

額に入れ墨を彫られるのは、**生涯にわたって「私は罪を犯しました」という看板を掲げるのも同然**。したがって、入れられた者のほとんどは、ひっそりと隠れるようにして生きるしかなかったという。罪を反省した者にとっては極めて酷な刑罰だ。

江戸時代になると、額への入れ墨は窃盗犯への処罰や島流しにされた罪人への付加刑《ふかけい》（主刑に加えて科せられる刑罰）として、なされていたようだ。子どもや女性に対しても容赦なく行われたというから驚きである。

入れ墨の形や文字は地域によって異なっていたが、多かったケースが「悪」という字、あるいは十文字。変わったものだと、丹波（現在の京都府西部と兵庫県東部）では眉の上に「大」、長門《ながと》（現在の山口県西部）では「〇」、肥後（現在の熊本県）では「〆」や「又」、そして高野山では「●」が施されたと言われている。

中でも屈辱的だったのは、筑前（現在の福岡県）や芸州（現在の広島県西部）の入れ墨だろう。初犯が「一」で、そこから1回罪を犯すごとにさらに入れ墨を書き加えられる。そして、**3回罪を犯すと額に「犬」という字が完成する**のである。

額に犬の字を彫られるということは、「お前は浅ましい畜生《ちくしょう》（犬）と同じだ」という烙《らく》印《いん》を押されたことになる。「悪」や「〆」のような文字以上に屈辱を感じたようで、焼いて潰そうとしたり、上から別の模様を入れてごまかそうとする者もいたらしい。だが、そのような隠蔽が発覚すると、さらに別の場所に入れ墨を施されることとなっていた。

額に入れ墨を施された様子（引用元：「日本刑罰風俗図史」）

江戸時代後期、曲亭馬琴《きょくていばきん》が発表した『南総里《なんそうさと》見八犬伝《みはっけんでん》』の中にも、入れ墨に関する記述がある。悪事を働いた蟇田《ひきた》権頭素藤《ごんのかみもとふじ》が、主人公の一人・犬江親兵衛《いぬえしんべえ》によって額に十文字の入れ墨を施され、墨田川西岸に追放されているのだ。罰や罪人をイメージさせるものとして、入れ墨が認識されていたことがわかる。

恐るべき拷問と処刑　その㊼

入れ墨（体）

いれずみ

前項の「額への入れ墨」は、額という目立つ場所に一生消えない文字を入れられることで罪を戒めたが、単純に体への入れ墨も、江戸時代は罪人の証になった。

「入れ墨刑」は奈良時代頃から行われていた。一時は残酷な刑が流行したことにより途絶えたものの、江戸時代に公の刑として復活。1720年、笞《むち》打ち（敲《たたき》刑）や追放刑の付加《ふか》刑《けい》として、肉刑（鼻削ぎや耳削ぎ）に代わって採用された。

入れ墨刑を申し渡された罪人は筵《むしろ》の上に座らされると、すでに入れ墨が施されていないか、役人からチェックを受ける。前科があるかないかで、彫る入れ墨の模様が変わるためだ。**規定の柄《がら》を墨で下書きし、その上を、針を束ねた専用の道具で彫っていく。**その後、入れ墨が乾くまで罪人は3日ほど牢獄に留め置かれ、乾いたらやっと出牢《しゅつろう》となる。

入れ墨の柄は額への入れ墨と同じく、地域や重ねた罪の回数によって様々だった。二重線や「×」の印などは定番で、紀州（現在の和歌山県）の**「悪」**、佐渡の**「サ」**など、変わったものもあった。

ところで、現在では自らの意志で体に入れ墨を彫る人はいるが、その習慣は江戸時代からあった。刑罰で施される入れ墨と、鳶《とび》職人などが男気を示すために入れた豪華な入れ墨は区別されており、後者は「彫り物」と呼び分けられた。現在でも昔気質《むかしかたぎ》の人は、入れ墨と彫り物は別だと認識しているようだ。

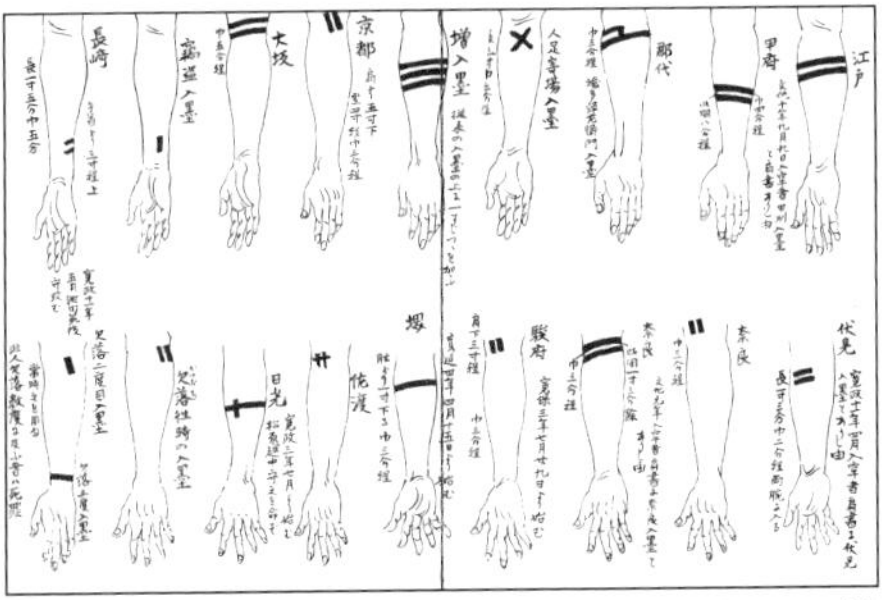

腕に施される入れ墨の例。地域によって、彫られる模様や字が異なった

彫り物でお馴染みなのは、背中に桜吹雪がある遠山の金さん、すなわち町奉行の遠山景元《かげもと》だろう。時代劇で有名になったが、信頼できる史料の裏付けはなく、本当に彫り物があったかは、疑問視されている。

明治時代に入ると、外国人の視線を気にした政府によって、入れ墨刑は廃止されることとなる。装飾としての入れ墨も禁止され、１８７２年から規制が解かれる１９４８年まで、入れ墨は**非合法**となったのである。

現在も、入れ墨はアウトローを連想されることから日本では歓迎されておらず、銭湯やプールでは入れ墨・タトゥー禁止を標榜していることも珍しくない。

恐るべき拷問と処刑　その㊽

村八分《むらはちぶ》

社会生活を営むうえで、逃れられないのが人間関係への配慮である。ある程度の人数が集まれば、それぞれが一定の規律を意識して行動することが求められる。守らなければ異端扱いされ、コミュニティから疎外されてしまうだろう。

規範の順守はいつの時代にも求められてきたが、特に、江戸時代は村単位で年貢を納め、複数の村で共同管理している池や用水路なども多かったので、共同体のルールは絶対的だった。無視して個人行動に走ればお上から罰則を受けたり、周囲の村と敵対する危険があったからだ。

では、村の規則を無視し、秩序を破る者が出たらどうしたのか？　その場合は、「村八分」という私的制裁が下された。**本人やその家族を、村民全員が無視する**のである。

誰に話しかけてもまるでいないかのように扱われ、畑の重労働や共有作業の協力を願い出ても拒まれる……。結束の固いコミュニティは、仲がよければ居心地はいいが、嫌われれば地獄と化す。いきなり空気のように扱われる孤独感と精神的苦痛は、ある意味死罪よりもつらいかもしれない。

しかも、村八分を選ぶ過程は不透明だった。村八分は村人たちの合意ではなく、村の代表者である名主や村役人によって決められた。そんな状況では、名主に問題があっても公然とは逆らいにくいし、名主の私的な感情や誤解によって、村八分にされる恐れもあった。

ただ、「村八分」の言葉どおり、絶交状態に置かれるのは生活の8割で、残り「二分」程度には許容範囲が残されていた。例えば、火事と葬式のときだけは協力に応じることとされたり、秩序を乱した当事者が死んだ時点で村八分を止める（子どもの代まで引きずらない）などである。

近隣との関係が希薄化した現代では村八分は起きない……と思いきや、近年、地方で実際に関連事件が起きたことがある。

2004年、新潟県関川村のある集落において、イベントへの参加を一部住民が拒否したところ、集落の有力者が**イベント不参加住民に対し、共同のゴミ収集箱の使用などを禁じた**のである。その後、イベント不参加住民側が有力者側を訴えて勝訴しているが、これこそ現代版「村八分」だと言えるだろう。

恐るべき拷問と処刑　その㊾

寿司詰め

すしづめ

厳密には拷問や刑罰ではないが、江戸時代に罪を犯した者は、「寿司詰め」ともいうべき環境に置かれることがあった。不衛生な場所に大人数で閉じ込められ、疫病やリンチの危機に晒されるのである。

その舞台となったのが、「伝馬町牢屋敷《でんまちょうろうやしき》」だ。拷問をするために造られたのではなく、現在で言うところの「留置場」に相当する。取り調べを受けている間の被疑者を、一時的に留置しておくための場所である。

獄舎は身分ごとに分かれていた。将軍との謁見を許された御目見《おめみえ》以上の直参《じきさん》武士を入れる「武士揚座敷《あがりざしき》」、御目見以下の直参や陪臣、それに準ずる身分の僧侶や神職を入れる「揚屋《あげや》」、そして、町人、農民、浪人、足軽などを入れる「大牢《たいろう》」「二間牢《にけんろう》」「百姓牢」があった。

武士揚座敷や揚屋はまだいいが、大牢・二間牢・百姓牢は、「裁きを待つ場所」としてはあまりにも過酷だった。高い壁で覆われ日はほとんど差し込まず、風通しが最悪なのに牢内には便所が設置された。常に不潔で悪臭が漂う中、盗人、殺人、放火犯、強盗など、裁判管轄が異なる囚人を一挙に収容したため、在牢人数は多かった。幕末の動乱期は日に平均600から700人、**1畳あたり十数人が詰め込まれる**こともあったというから、考えただけで暑苦しくて息苦しい。

伝馬町牢屋敷内の図。リンチが恒常的に見られ、多いときは1年に2000人もの死者が出たという

こんな悪環境なので、当然ながら牢内では**「牢疫病」**と呼ばれる感染症が大流行した。一応、重病人は別施設に収容されたが、十分な治療は望めず、罹患《りかん》すればたいていは死を待つ他なかった。

さらに、牢の中では厳しい自治が行われていた。収監者には「牢名主《ろうなぬし》」を筆頭とするランクがあり、一番下の新入りたちは常に至近距離に人がいる状態で昼夜を過ごさねばならなかった。

寝ても覚めても、息が吹きかかるほどのところに人がいる。これが何日も続くのだから、凄まじいストレスがかかるのは間違いない。収監されるだけでも、拷問を受けるのと同じくらいの苦痛を伴っただろう。

恐るべき拷問と処刑　その㊿

くすぐり責め

くすぐりぜめ

親が子どもを冗談半分に叱るとき、「くすぐりの刑だぞ～！」などと言いながら、子どもをくすぐったりすることがある。

スキンシップを兼ねた親子の微笑ましいワンシーンだが、実は江戸時代には、**「残酷な仕置き」として「くすぐり責め」が存在した**のである。

くすぐり責めが行われた主な場所は、吉原遊郭である。仕置きを受けたのは、「苦海《くかい》（苦界）」とも呼ばれた遊郭から逃げ出そうとした、遊女たちだった。

遊女が逃亡を図ったり、店の若い衆と深い関係になったりした場合には、なんらかの罰を受けることになる。とはいえ、遊郭にとって、金を稼いでくる遊女は当然ながらその体自体が商売道具。殴ったりして体に痕が残り傷物になれば、商品価値が下がってしまう。そこで、体に仕置きの痕が残らない方法として独自に生み出されたのが、「くすぐり責め」だったというわけだ。

その方法は極めて単純である。

まずは、遊郭の掟を破った遊女を、手足の自由が利かないよう、縛り上げて床に寝かせる。それを店の者が大勢で取り囲んだうえで、脇や足の裏などの敏感な部分を、**羽毛や毛筆で寄ってたかってくすぐり続ける**のである。

ふざけているかのような仕置きだが、長時間、無理矢理笑わされると、呼吸が乱れて窒息状態に陥る可能性がある。延々とくすぐり続けられて笑い過ぎで息が苦しくなり、気を失ってしまう者も多かったという。しかも、**気絶しても、桶で水をかけて意識を戻させ、遊女自ら罪を認めるまで延々とくすぐりが繰り返される**のだ。

吉原の遊女を描いた浮世絵（喜多川歌麿「青楼十二時 寅ノ刻」）

ちなみに、くすぐり責めは逃げ出した遊女のみならず、接客態度が悪かったり、愛想が悪かったりする遊女なども対象になっていたという。愛想笑いをしない遊女たちも、このときは不本意ながら、笑顔にならざるを得なかった。

恐るべき拷問と処刑　その51

桶伏せ《おけぶせ》

遊郭で私的制裁が行われていたことは前項でも触れたが、対象となったのは遊女だけではない。**客でさえも素行が悪ければ、制裁を加えられた**のだ。

そんな客を対象とした制裁の代表が、「桶伏せ」だ。いわゆる「晒し刑」の一種で、店で悪事を働いた客に桶を被せて見世物にするというものだ。主に金を払わなかった者が対象で、仕事をサボった遊女が桶に入れられることもあったと言われている。

制裁を受ける客は店の外へと連れ出され、桶を頭から被せられる。正座をした成人男性をすっぽり覆い隠せるほど巨大な桶だ。顔の部分には小窓が開けられていたので、通行人は客の姿を存分に見物することができた。

大小便は垂れ流しにするしかなく、食事は1日に茶碗1杯分の白飯と塩しか出されない。逃げようにも、桶の上には重しが乗せられていたので脱出などできず、客は親族が迎えにくるまで劣悪な環境に閉じ込められたのである。

庶民にとって、遊郭通いは褒められた行為ではなく、家族に内緒で行き来していた客も多かったという。そういった者たちにとっては、通行人から笑い者にされたあげく親族に迎えにこられることは、耐え難い恥辱だっただろう。

桶伏せは大坂など全国各地の遊郭街でも取り入れられるほど有名な制裁方法で、江戸時代前期までの遊郭を題材にした読み物にも、しばしば桶伏せの名が取り上げられている。喜多村信節《きたむらのぶよ》が執筆した随筆『嬉遊笑覧《きゆうしょうらん》』には、吉原で代金が払えず桶伏せにされた男が友人に助けてもらう話が書かれており、浅井《あさい》了意《りょうい》の『浮世物語』でも、支払いに困って桶に閉じ込められた男が登場している。

桶伏せの制裁にあう男性。遊女から差し入れを受け取っている（『奇想凡想』国会図書館所蔵）

そんな桶伏せも江戸中期頃以降には次第に行われなくなり、客が金を払わなかった際は親族の家まで案内させ、直接料金を取り立てる方法がとられるようになっていった。

いずれの方法にせよ、遊郭で料金を払わなければ、かなりの恥をかいたようだ。

恐るべき拷問と処刑　その52

手鎖《てぐさり》

逮捕された被疑者が逃亡しないよう、手首に嵌《は》められるのが、ご存じ「手錠《てじょう》」だ。手錠は警察署や拘置所などへの護送が終われば外されるが、江戸時代には手錠を外さないままの生活を強《し》いる刑罰があった。それが「手鎖《てぐさり》」である。

手鎖には30日、50日、100日の3種類があった。30日と50日の場合は5日ごと、100日の場合は隔日で係の役人が訪れ、手錠を外した形跡がないか確認する。外したことが発覚すれば、一つ重い刑罰が科せられることになる。刑を受けている間は自宅謹慎を余儀なくされるが、両手を満足に使えないとなると、生活に支障が生じるのは明らかだ。

しかも、手錠のように鎖でつながれたものではなく、瓢箪《ひょうたん》のような形をしていた。つまり、両手首がほぼ密着した状態なので、寝起きや着座もままならない。

とはいえ、これまで紹介してきた刑罰や拷問に比べれば、手鎖は楽な方だ。実際、この刑は軽い罪を犯した者が対象で、過料に処されても金を払えない者が、手鎖を受けたとされる。

手鎖は、特定の職業に就く者を対象に、行われたこともある。対象となったのは、**絵師**や**戯作者**などだ。

江戸時代には風紀を乱す、幕府の意向に反するなどの理由で、表現に規制がかけられた。特に、江戸時代中期の老中・松平定信は、庶民の興味を煽ったり幕府の方針に反している文章、エロティックな写実を厳しく取り締まったのだが、その対象となったのが式亭三馬《しきていさんば》、十返舎一九《じっぺんしゃいっく》、山東京伝《さんとうきょうでん》などの戯作者や、喜多川歌麿《きたがわうたまろ》などの絵師だった。

彼らは読本や浮世絵をことごとく発禁処分とされ、そのうえ手鎖50日の刑が下された。**文章や絵を表現できないよう、手を使えなくさせたわけだ。**

刑期を終えると、三馬と一九は処分を受けないよう意識して作品を書き続けた。京伝は一時は筆を折ったものの、後に復活を果たしている。歌麿は手鎖が解けた後、版元（出版社）から仕事の依頼が集中しているが、それをこなすための過労が原因で、2年後に死亡してしまったとも言われている。為政者が手鎖で物理的な刑を与えても、作家たちの「表現したい」という気持ちまでは抑えることができなかったのである。

恐るべき拷問と処刑　その53

剃髪
ていはつ

最近では坊主刈りやスキンヘッドにする人も少なくないが、江戸時代まで、髪の毛は男女にかかわらず、伸ばして整えるのが美徳とされた。特に武士の場合、月代《さかやき》（額際の頭髪を半月形に剃った部分）や、髷《まげ》を整えるのが重要な身だしなみだった。月代は元々、兜を被った際に蒸れないよう頭頂部を剃ったことを始まりとする。髷をきちんと整えているのは、いつでも戦場に赴く準備が整っているということを示すためだ。

江戸時代の髷は身分によって形が異なっており、武士の髷を町民や農民が結うことは禁じられていた。つまり武士にとっての髷は「身分の象徴」であり、主に対する忠臣の表れでもあったのだ。そのため、薄毛などで髷が結えなくなると、付け毛をしたり隠居して家督を息子に譲ったりしていた。

そんな大事な髪を剃る刑罰「剃髪《ていはつ》」は、武家政権になってから登場した。鎌倉時代の法典「御成敗式目《ごせいばいしきもく》」では、「路上で女性を強姦した郎従《ろうじゅう》（下級武士）以下の者は片方の鬢《びん》を剃る」と定められ、鬢（頭髪の左右側面部分）の片側が剃られることになっている。

この刑は入れ墨と同じように、犯罪者とそうでない者を区別するために行われたとされる。一時の恥を与えることで反省を促す目的もあったのだろう。

粋《いき》を身上としていた江戸の町人たちは整髪にこだわり、床屋は庶民のサロン的な場でもあった。男性でさえここまで思い入れが強いのだから、女性はなおさらだ。女性にとって髪の毛は、今も昔も美しさの象徴。そのことを逆手に取り、江戸時代の剃髪は、**女性に科される刑罰**となった。

例えば、離縁状を取らないで他家に嫁いだ者は、**髪の毛を剃って親元へ帰す**と「公事方《くじかた》御定書《おさだめがき》」に定められている。この他にも剃髪は、男女関係に関する罪の中で、軽微な場合に科せられた。

とはいえ、ショートカットというヘアスタイルなどあり得ない時代、元のロングヘアーになるまで女性は誰かと顔を合わせることもできず、表に出ることもできない。中には、髪の毛が伸びるのを諦めて、尼として寺に入った者もいたという。

恐るべき拷問と処刑　その54

幽閉《ゆうへい》

戦国時代には、敵武将や反逆者を捕らえたとしても、そのまま処刑しないケースがあった。相手が高名な人物であれば、支持者や親族縁者から報復される恐れがあるからだ。そうした場合にとられる手段が「幽閉」だった。

幽閉で最も注意するべきは、投獄者の脱走だ。本人による脱獄はもとより、協力者による救出も危惧しなければいけない。失態を防ぐために、幽閉の場所は城などに造られた**地下牢**が選ばれることが少なくなかった。

地下牢といっても、多くは石垣や城壁沿いに設置される「半地下」方式だったが、窓が小さく人の出入りが不可能だったことから、外部から救助や手助けをすることも、投獄者自身が逃げ道を造ることも叶わなかった。このような警備上の利点が、戦国大名が地下牢を使い続けた最大の理由である。

幽閉される側にとって、地下牢は非常に恐ろしかった。脱走できないだけでなく、居住空間として環境が非常に劣悪だったからだ。

窓が小さいことから、換気は不十分で、日光はあまり射し込まない。そのため牢内には湿気が溜まって陰湿な空気が充満した。加えて、作業中の逃亡を恐れたせいか、牢内が清掃されることもほとんどなく、**不衛生極まる環境は害虫の温床になった**。与えられる食料もわずかとあって、体調不良や悪い病にかかることも珍しくなく、まさに地獄である。

幽閉を受けた人物といえば、2014年に大河ドラマの題材にもなった戦国武将・黒田官兵衛が有名だ。

1578年に中国地方へ本格的に侵攻し始めた織田信長だったが、攻撃の最中に有岡《ありおか》城《じょう》の荒木村重《あらきむらしげ》が謀反を起こした。信長の家臣だった官兵衛は村重の説得を試みたが、失敗して地下牢に幽閉されてしまう。

それからおよそ1年後、信長軍が有岡城を落としたことで官兵衛は救出されたが、発見時の姿は無残なものだった。餓鬼のようにやせ衰え、全身は痣《あざ》まみれ。**足に残った障害のため一生杖を使わなければ歩けなくなってしまった**。

苛烈な拷問を受けたわけでもないのにこの有り様。それでも村重に寝返らず、取引にも応じなかった官兵衛は、信長の信頼を勝ち取ったのだった。

恐るべき拷問と処刑　その55

盟神探湯《くかたち》

「困ったときの神頼み」とは、切羽詰まった人が口に出す言葉だが、古代の日本では難事の解決どころか、**罪の有無すら神任せ**にすることがあった。古代の人々が神の意思を用いた取り調べ方法、それが「盟神探湯《くかたち》」である。

盟神探湯は、神の意思で有罪か無罪かを決めるという、「神明《しんめい》裁判」の一種である。**熱湯に被疑者の手をつけて、火傷をすれば有罪、しなければ無罪**とする。

『日本書紀』によると3世紀頃、応神天皇に裏切りの疑惑を持たれた武内宿禰《たけうちのすくね》が身の潔白を証明するため自ら熱湯に手を入れたとされ、5世紀初めの允恭《いんぎょう》天皇は、姓氏（素性・家柄）を偽る群臣がいないかを確認するため、盟神探湯を行ったとされている。

普通に考えれば、誰でも熱湯に手を入れて無事で済むはずがない。罪を犯していようがいまいが、火傷を負う可能性は高いだろう。そのため盟神探湯での裁判は、冤罪の温床になっていただろうというのが通説だった。

ところが現在では、罪をあぶり出すうえで、ある程度有効だったのではないかと言われている。

そもそも、やましいところのある人間が熱湯を前に正気でいられるはずがない。有罪かどうかは、自分が一番よく知っている。どうせ捕まるならつらい目に遭いたくないと、実行される前に自白したことは十分に考えられる。

また、可能な限り手を震わせず、適切な速さで熱湯に手を入れれば、火傷をしない可能性が高まることが、現代科学で解明されている。熱湯と手の間に空気の層がつくられ、これが熱さを妨げる働きをするためだ。

無実の者ほど無心に手を入れられるので火傷することが少なく、逆に罪を犯した者は、恐怖で手が震えて火傷を負う可能性が高まったということである。

姓氏確認の事例では、偽の姓を名乗った者のみが火傷を負い、それを見た残りの偽名使用者も次々と自白するか逃亡を企て、事件は早期に解決したとされている。

当然、無実の者が盟神探湯で火傷をし、冤罪が生まれるケースも多々あっただろうが、一定程度犯人をあぶり出すことができたからこそ、風習として残ったのだろう。

恐るべき拷問と処刑　その56

奴

やっこ

現代の日本では、犯罪者の家族や親族が逮捕されるようなことはないが、江戸時代には、共犯者でなくても妻や子どもというだけで、罰を与えられることがあった。

そうした身内への刑罰を連座といい、妻を対象としたものの一つが「奴《やっこ》」である。奴に処された女性は、いったん牢屋に留め置かれる。身元引受人が来れば牢から解放されるのだが、ここでの引受人は親族や友人などではない。働き手を求める武家や庄屋からの使いだ。つまり奴とは、女性を強制的に奉公人とする刑罰なのである。

名家が引き取り手となることはあまりなく、もらい受け先の多くは、遊郭からの使いだった。遊郭からすれば、無料で遊女を補充できる絶好の機会である。**奴上がりの女性には、賃金を払わないことも、過酷な労働条件を課すことも許されていた**。これは遊郭だけでなく、武家や庄屋に引き取られた女性も同じである。

恐ろしいことに、刑が誕生した当初は**女性の解放期限が定められていなかった**。通常の奉公人なら暇をもらう（仕事を辞める）ことができ、遊女でも借金を返せば解放されていた。それに対して奴上がりの女性には、解放の権利も期限も定められてはいなかったのだ。行き先がどこであろうと一度外へ出されたが最後、賃金はなく、生殺与奪の権利は主人に握られ、過酷な環境下で死ぬまで奉公をしなければならない。まさに奴は、日本の**「奴隷刑」**と考えてもいいだろう。

しかし、１７００年代に入ると、奴を改善しようとする動きが出始めた。その中心人物が、徳川吉宗の下で刑法典「公《く》事《じ》方《かた》御《お》定書《さだめがき》」の作成に携わり、江戸時代を代表する名奉行としても知られる大岡《おおおか》越前守《えちぜんのかみ》忠相《ただもり》（大岡越前）だ。

坂東彦三郎扮する大岡越前守
（豊原国周画）

大岡は、配偶者の巻き添えになる女性たちを不憫に思い、刑制度改革の一環として奴の見直しにも取りかかった。結果、奴の労働期間は3年にまで引き下げられたのである。

それでも刑の廃止までには至らず、奴がなくなるのは連座制度そのものが消え去る、明治時代を待たねばならなかった。

恐るべき拷問と処刑　その57

絵踏み

えふみ

信心深いキリシタンでも、江戸時代に迫害が激しくなると、表立って信仰を表明する者は少なくなった。しかし、キリシタン自体がいなくなったわけではない。そのため、仏教徒や農民に扮する「隠れ信者（隠れキリシタン）」を摘発するため、幕府と諸藩は新たな取り調べの方法を編み出した。それが、有名な「絵踏み」である。

1637年に起きた島原の乱を鎮圧した幕府は、キリスト教弾圧を一層強めるべく「宗門改め」を導入した。これは、キリシタンでないことを証明させて公的記録に残す制度だ。地元の寺に仏教徒であることを記録させる寺請《てらうけ》制度や、住人が所属する寺院を記した宗門人別帳の作成を通じて、江戸幕府はキリシタンの摘発と根絶を目指したのである。

絵踏みもこうした宗門改めに導入された摘発法の一つだった。イエスや聖母マリアの姿を象《かたど》った彫刻、あるいは絵を踏ませるという単純な方法ではあるが、これがなかなか効果的だった。家族や友人の写真を踏めと言われたら誰でも躊躇するだろうが、当時の敬虔なキリシタンにとって、イエスやマリアの絵画はそれ以上に大事なものだったからだ。

日本にキリスト教を広めたイエズス会は、イエス像やマリアの絵画の制作を礼賛するカトリックの教えに基づいており、彼らの教えを受けた人々もまた、創作物を通じて祈りを捧げることが多かった。そうした人々にとって、絵画や彫刻を踏むことは、**イエスやマリアの顔を直接踏みにじるも同然の行為**であった。

絵踏みが行われるとこれを拒むキリシタンが続出し、その場で捕らえられたあげくに数々の拷問にかけられた。仮に踏めたとしても、信仰の対象を穢した罪悪感に苦しめられることになる。絵踏みは、信者の信仰心を傷つけるための精神的拷問であったと言えよう。

絵踏みに用いられるキリスト像やマリア像は、踏み絵と呼ばれた

だが、開始当初は摘発に効果を見せた絵踏みであったが、時代が進むと次第に信者は「たとえ踏んでも後に懺悔をすれば神は許してくださる」と考えるようになり、宗門改めは形骸化の一途を辿っていった。

それでも絵踏みはキリシタン摘発の一手段として実施され続け、廃止されたのは、幕末の1857年になってからだった。

恐るべき拷問と処刑　その㊽

鼻削ぎ

はなそぎ

指や耳など、体の一部分を切り取る拷問や処刑はいろいろあるが、顔の中心に位置する「鼻」を削ぎ取られるダメージは、格別に大きいだろう。変わり果てた面相は一生回復することがない。まともな社会生活が送りにくくなり、ある意味死罪よりつらい刑罰であったことは、想像に余りある。

「鼻削ぎ」は平安時代頃から存在したが、戦国時代には敵に打ち勝った証として「戦利品」代わりに切り取るケースがあった。この例で最も有名なのは、豊臣秀吉が行った朝鮮出兵「文禄・慶長の役」（1592～1598年）だろう。

秀吉は戦功の証として、最初の頃は敵の首を塩漬けや酒漬けにして送らせたが、第二次朝鮮出兵（慶長の役）から、鼻や耳へと代わっていった。単純に首は重いから軽量化する、というのが主な理由だろうが、秀吉は相手に強い屈辱感を与えるために、鼻や耳を切らせ、自分の力を誇示したとも言われている。将兵も我こそはとばかりに、敵を倒したらすぐ**鼻、**

時には耳を削ぎ、次々に塩漬けにして日本に送ったというが、戦場で死体の鼻を嬉しそうに削ぎ落とす兵士の姿は、かなり異常な光景だったに違いない。

戦いが終わった後は「鼻塚（江戸時代からは「耳塚」という呼び方が一般的となった）」が造られ、敵の鼻や耳を葬り供養をされた。とはいうものの、鼻塚は**「勝利の記念碑」**的な意味も込められていたというから恐ろしい。

その後、江戸時代初期になると、鼻削ぎは公刑の一つとして「肉刑」に分類され、追放刑の付《ふ》加《か》刑《けい》として行われた。8代将軍吉宗の時代に肉刑は一部地域を除き廃止となったが、民間では姦通を行った間男に対する私刑として「鼻削ぎ」が行われ続けたようだ。

京都市の豊国神社の前には豊臣軍によって集められた耳や鼻を供養する「耳塚（鼻塚）」が今も残されている

実際、1700年代後半に大坂で刊行された「夷《い》曲《きょく》集《しゅう》絵《え》抄《しょう》」には、小野小町の有名な和歌「花の色は 移りにけりな いたづらに 我身世にふる ながめせしまに」のパロディとして、**「鼻の先は そがりにけりな いたづらに 我間男と 永寝せし間に」**という歌が記されている。

恐るべき拷問と処刑　その59

虫責め

むしぜめ

全裸にさせたうえで全身に酒や蜂蜜を塗って縛り戸外に放置する。すると、全身を蚊や蟻などの虫が襲いくる――これが「虫責め」である。

残酷さや痛みを与えるのなら、苛烈な拷問は他にいくらでもあるが、虫責めは生理的嫌悪感は非常に大きかったのではないだろうか。

2014年に「マイナビウーマン」という女性向けサイトが「もっともイヤな拷問は?」というアンケートを行っているのだが、この際、1位に選ばれたのが虫責めだった（ちなみに2位は「八つ裂き」だった）。

江戸時代には、蚊柱が立つほどヤブ蚊が大量発生する戸外に縛り上げ、**体中に酒を塗りたくって裸で放置する「ヤブ蚊責め」が存在したと**いう。

また、吉原遊郭では、遊女と若衆が深い仲になった際に「夏の私刑」として虫責めがよく行われたようだ。

吉原で若い衆と遊女が恋仲になると、遊女は他の男に抱かれるのを嫌がるようになり、仕事ができなくなってしまう。その場合、若衆はクビにすればよいが、遊女は金を運んでくる大事な商品だ。また、店は遊女に金を貸しているので、回収前に手放すわけにはいかない。そこで折檻《せっかん》を加えて戒めることになるのだが、冬には遊女に冷水を浴びせ凍えさせ、そして夏には手足を縛ったうえで無数の蚊を閉じ込めた部屋に遊女を放り込み、「蚊責め」にしたのである。

当然、全身を痒《かゆ》みが襲うが、手足の自由が利かないので掻くこともできない。さらには、蚊に刺されたことで病気になる危険もある。肉体的、精神的苦痛は大きかったことだろう。

虫を集める必要があったり、季節が限定されることから、虫責めは徐々に衰退していった。裏を返せば、収集や季節がネックとならなければ、実現可能なわけである。実際、現在でも**アフリカなどでは虫責めは拷問として現役だ**。罪人に大量の蜜をまぶし、蟻塚の上に放置するなどの刑がいまだに行われていると言われる。近年では2014年3月、ボリビアでオートバイを盗んだ窃盗犯2人を村民たちが捕まえ、**木に縛りつけて致死性の毒を持つ蟻に襲わせ、窃盗犯の一人を死亡させている**。

虫が苦手な人にとっては、この項を読むこと自体がすでに軽い拷問になっているかもしれない。

恐るべき拷問と処刑　その⑥⓪

市中引き回し《しちゅうひきまわし》

死刑や懲役などの主刑に加えて科せられる刑罰を「付加刑《ふかけい》」と言う。現在の日本では、犯罪の凶器や賭博によって得た金品などの「没収」のみが付加刑として認められている。

一方、江戸時代には様々な付加刑があった。女犯《にょぼん》を行った僧侶や心中の生き残りに対する晒し、窃盗犯が敲《たたき》刑や追放刑を受ける前に入れられる入れ墨などがそれにあたる。そんな数ある付加刑の中でも、重罪人に付加されたのが「市中引き回し」だ。

江戸城下における市中引き回しのコースは二つあった。一つは伝馬町《でんまちょう》牢屋敷から江戸城の周囲を回って牢屋敷に戻る江戸市中引き回し。もう一つは五ヶ所引き回しと言われ、牢屋敷を出発して日本橋を通り、赤坂御門、四谷御門、筋違《すじかい》橋、両国橋を通って、鈴ケ森《すずがもり》や小塚原《こづかはら》の刑場へ至るというものだ。牢屋敷内で処刑が行われる場合は江戸市中引き回しとなり、刑場で行われる場合は五ヶ所引き回しとなったのである。

市中引き回しの先頭では紙で作られた幟《のぼり》旗が掲げられ、ここに対象の罪状が記された。

それに続くのが幅6尺（約180センチ）、高さ1尺（約30センチ）の木札（捨札）で、ここには罪状の他、罪人の名前や年齢が記されていた。

さらに、この後には槍や捕縛道具の刺又《さすまた》を担いだ人、筵《むしろ》を敷いた馬に乗せられた罪人とその付き添い人、そして警護の役人や検視役の役人が続き、**総勢はなんと50人から60人**。五ヶ所引き回しの場合は行程が20キロに及び、ほぼ1日がかりでとり行われた。

市中引き回し後には処刑が待っているが、意外にも、**罪人はこのときを楽しみにしていたという**。娑婆《しゃば》の見納めの機会であるし、過酷を極めた牢生活から解放されるとあって、安堵を抱いた者もいたということだろう。

市中引き回しの様子。重罪人に対して処される付加刑だった

なお、罪人は道中の飲酒や飲食、喫煙などの求めが最後の願いとして許され、身につけるものも好みのものが与えられていた。

しかし、ある罪人が市中引き回しの途中に子どもに母乳を与えている婦人を見たとき、「あの乳が飲みたい」と言い、検視役人がつい許してしまったことがあった。以降、なんでもかんでも希望が通ることはなくなったようだ。

恐るべき拷問と処刑　その61

晒し

さらし

江戸時代の僧侶は武士や公家、神官と同じ特権階級で、笞《むち》打ちや手鎖《てぐさり》は受けないなど、刑の執行が区別されていた。ただ、僧侶には僧侶独自の罰則があった。その一つが「女犯《にょぼん》」だ。

女犯とは、強姦罪のことではなく、単純に女性と性的な関係を持つことである。開祖である親鸞《しんらん》が妻帯していた浄土真宗を除き、女犯は飲酒・肉食と並ぶ仏教のタブーであった。そんなタブーを犯した場合、下された刑罰の一つが「晒し」だった。

晒しは、人通りの多い場所に「晒される」刑を指し、**死罪や追放などの正式刑が執行される前に、追加刑として行われた**。女犯の罪に問われた僧侶は、筵《むしろ》の上に軽く縛られて座り、朝8時～夕方4時頃まで晒される。それが3日間続いた後、所属する寺の本山に渡され、今度は本山で定めた処罰を受けることになる。

僧侶といえども性欲はあり、取り締まる寺社奉行は、ある程度は黙認していたようだ。しかし、目に余る場合は放置しておくわけにもいかず、1796年には年間で67人の僧侶が晒しを受け、１８４１年には一斉検挙された48人もの女犯僧が晒され、日本橋界隈が見物人で大混雑したとの記録もある。

晒しは僧侶のみだけではなく、庶民にも科された。対象は**心中を図った男女**だ。江戸時代初期に浄瑠璃《じょうるり》や歌舞伎、人情本などでもてはやされたこともあり、遊女と客などの心中が頻繁に起きるようになった。幕府は対策に乗り出し、両方が生き残れば非人（被差別階級の身分）に落とし、一方が生き残った場合は死罪に処した。こうした刑の執行前に、晒しが見せしめとして科されたのだ。生きた人間だけでなく、死体であっても現場で晒され、遺体の葬儀と埋葬は禁じられた。

人が大勢集まる日本橋での晒しの様子

また、晒しは**庶民がリンチとしても用いた**。農村では田畑から作物を盗んだ犯人を、１～３日程度「野晒し」にしてから追放したとの記録がある。

さらに吉原では、逃げ出そうとした遊女を燈篭《とうろう》に縛って放置して晒し、遊客の視線を浴びさせるなどといったことを行っている。

恐るべき拷問と処刑　その62

羅切
らせつ

清朝以前の中国には、男性器を切り取る「宮刑《きゅうけい》」という刑罰があったが、実は日本でも、「羅切《らせつ》」と呼ばれる去勢刑が行われていた。鎌倉幕府の法典「御成敗式目《ごせいばいしきもく》」の制定に伴い公的刑罰の一つに採用され、性犯罪、中でも不倫や浮気をした者が対象になった。

羅切という呼び名は、仏教に由来するとされている。日本では仏教における煩悩の化身マーラの名を取って男性器を「魔羅」と呼ぶことがあり、それを切除することから羅切と名づけられたという。

「男性器を切る」と一口に言っても、**性器を丸ごと切り取る**、**刃で切り裂き使い物にならない状態にする**など方法は多様だった。**陰嚢《いんのう》のみを切り開いて睾丸《こうがん》をえぐりとる**こともあったというから恐ろしい。対象は男性だけでなく、時には女性も**膣口を縫いつけられる**ことがあったらしい。

羅切が残忍なのは、性器を破壊される苦痛に加え、断種された喪失感に苦しめられることにある。女性と関係を持てない屈辱や、子どもをもうけられない悲しみから、発狂し出す者がいたとしてもおかしくはない。

江戸時代になると公認の刑罰からは外されることとなったが、それでも羅切がなくなることはなかった。

江戸時代の文人・大田南畝《なんぽ》の随筆『半日閑話《はんにちかんわ》』にも、興味深い話が記されている。

１８１８年、江戸・堀之内妙法寺へ続く参道付近に、竹のキセルに絵を彫る職人が住んでいた。職人には美しい妻がいたが、彼女には職人の知らない秘密があった。夫に隠れて浮気をしていたのだ。

しかしある日、とうとう職人に浮気が発覚してしまい、妻は間男と共に捕らえられて寺の境内へと連れていかれた。そこで職人が何をしたかといえば、なんと**自らの手で間男の男性器を切り**、**妻の膣口をくりぬいた**のである。

これはあくまで私刑だが、浮気への復讐方法としては依然として羅切が用いられていたのである。

現代でも浮気をしてしまう人はいるが、江戸時代以前の浮気は、性機能を失いかねない危険極まりない行為だったと言えよう。

恐るべき拷問と処刑　その㊸

焼印

やきいん

罪人の体に熱した金属などを押し付けて痕を残す「焼印（火印／烙印）」は、古くから世界中で行われていた。日本でも、刑罰の一種として存在したと言われているが、飛鳥時代中期に体を傷つける刑罰が禁止されたことで、公に行われることはなくなったとされる。

しかしその後、鎌倉時代に入ると焼印は公式な刑罰になる。鎌倉幕府の法典「御成敗式目《ごせいばいしきもく》」の第15条には、文書偽造の処罰法が記されており、庶民が偽造した場合は焼印を押すことが定められていたのだ。しかも**押される場所は、最も目立つ「額」である**。

対象者は縄などで拘束されると、恐怖心を煽るために、赤くなるまで熱せられた鉄の印を目の前で見せられる。そして十分に見せつけられた後、焼けた印が押しつけられるのだ。

鉄の熱さと、そこから来る猛烈な痛み。**皮膚は焦げ、骨にまで灼熱が伝わる**。肌が焼けただれていく激痛に耐えられる者などいるはずもなく、対象者は絶叫を上げて悶《もだ》え狂う。だが暴れたとしても、体は執行人に押さえつけられているので、逃れることはできない。

やがて、皮膚が焼けて刻印が残ると、ようやく印は額から離され、刑が終わるのである。その後、日が経つと、大火傷を負った額の肉は盛り上がっていき、最後は印を象《かたど》った痕が残る。場所が額なので隠し通すことは難しく、焼印を押された罪人は後ろ指をさされる日々を過ごさなければならない。まさに、肉体への苦痛と精神的苦痛を両立させた刑罰だ。

焼印は江戸時代初期まで各地で採用されていたが、8代将軍吉宗の時代になると、比較的肉体的苦痛の少ない入れ墨刑が取って代わり、公認の刑罰ではなくなった。

それでも拷問としての焼印が完全に消えたわけではなく、九州では役人が**キリシタンの額に十字の焼印を押す**ことが多々あったようだ。

もちろんこの場合の焼印は、キリシタンを苦しめ棄教を迫ることが目的だ。対象者が棄教を拒み続ける場合は、焼けた火箸を背中や肩に押しつけるという、乱暴な方法もしばしばとられていたと言われている。

い
と
へ
ち
ぬ
と
か

第四章　拷問と処刑にまつわる謎

恐るべき拷問と処刑　その㊿

日本ではいつ頃から拷問や処刑が存在した？

日本最古の歴史書『古事記』の「国生み・神生み神話」では、天から降り立ったイザナギとイザナミが、日本列島と周辺の島々、そして多くの神々を産み落としていく様子が書かれている。二神が生んだ中で特に有名なのは、天照大神《あまてらすおおみかみ》（以下アマテラス）と素戔嗚尊《すさのおのみこと》（以下スサノオ）だろう。この二神の物語の中に、古代に行われたと思しき拷問の様子が描かれている。

アマテラスの弟神であるスサノオは乱暴者で、姉の住む高天原《たかまがはら》で数々の狼藉《ろうぜき》を働いた。これにアマテラスが怒って洞窟に隠れ、入り口を岩で塞ぐと、太陽神が暗闇に姿を消したことで、世の中も闇に覆われてしまった。

高天原の神々はアマテラスを洞窟から出そうと、洞窟の前で飲めや歌えの大騒ぎで太陽神の気を引こうとした。騒ぎを不思議に思ったアマテラスがそっと外の様子をうかがったとき、怪力で知られるアメノタヂカラオが岩を取り除き、アマテラスを洞窟の外へ出すこ

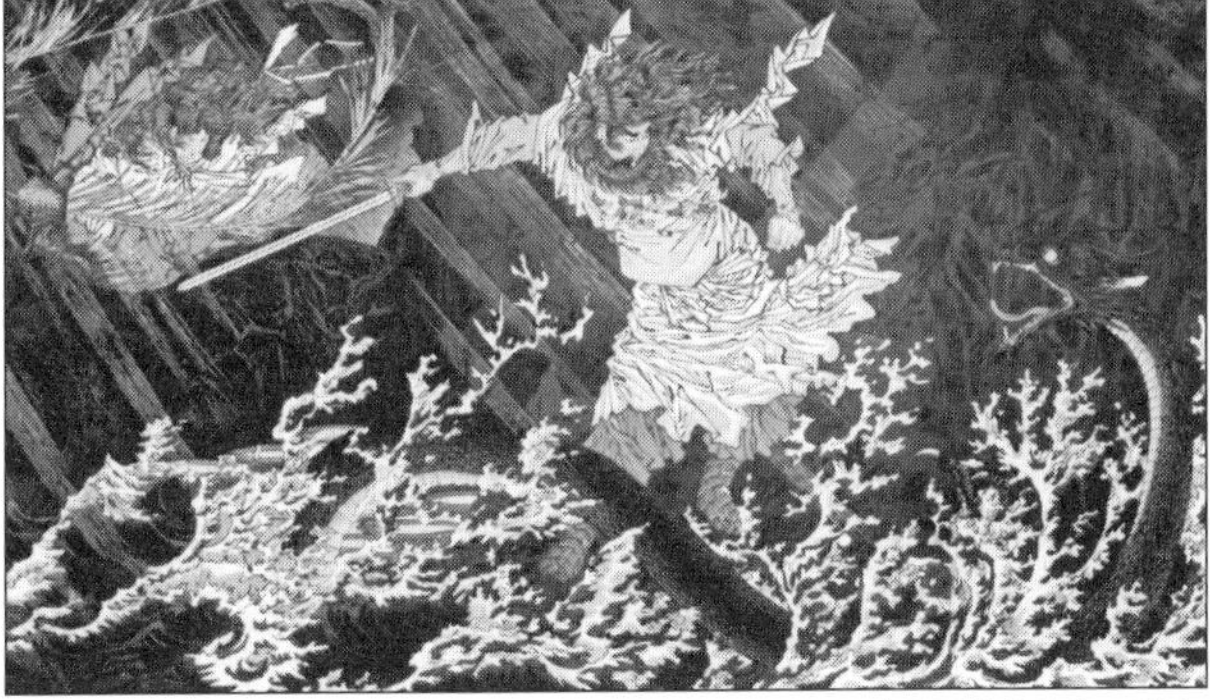

天照大神が天岩戸に隠れた原因をつくったスサノオ（月岡芳年画）。罰として爪を剥がされた

とに成功。無事、世の中に光が戻った。これがいわゆる「天岩戸《あまのいわと》の伝説」だ。

拷問に関する記述は、この後に記されている。アマテラスが閉じこもる原因をつくったスサノオは、高天原を追放されることになった。このとき、**スサノオは手足の爪を剥がされ、さらに髪の毛を引き抜かれる**という、拷問の爪剥ぎのような処分を受けているのである。

このように、8世紀以降に成立した書物の中には、拷問を思わせる記述が少なからずある。

奈良時代初期に編纂《へんさん》された地誌『播磨《はりま》国《のくに》風《ふ》土記《どき》』には、次のような記述がある。

仁徳《にんとく》天皇の時代とされる5世紀前半のこと、迦具漏比売《かぐろひめ》と邑由胡《おおゆこ》という男は、酒で手足を洗うという目に余る贅沢を行い、しかも身勝手な振る舞いが多かった。そこで朝廷は狭《さ》井連《いのむらじ》佐《さ》夜《よ》を遣わし、一族もろとも捕縛。西国から難波の宮に護送する途中、水責めにして苦しめたという。

さらに、『日本書紀』の「舒明記《じょめいき》」によれば、7世紀頃、天皇や皇后の身の回りの世話をする采女《うねめ》に乱暴を働いた者がことごとく捕らえられ、その中で、三輪小鷦鷯《みわのおさざき》がきつい取り調べを受けたと記されている。小鷦鷯は苦痛に耐えかね、自ら命を断ったという。

中国の歴史書『隋書』にも6世紀終わりから7世紀初め頃の日本の様子を記録されており、**木で膝を打ったり、弓の弦で叩いたりして自白を促した**、との記述がある。

これらが全て史実どおりとは限らないが、現実に似たような行為があったからこそ、被疑者を苦しめて罪を認めさせるという記述が生まれたのだろう。

さて、拷問だけでなく、罪を犯した者に科せられる刑罰の記録も、『古事記』などには残っている。例えば、イザナミはカグツチを産んだことでこの世を去るが、その際、イザナギはカグツチを剣で切って成敗している。逆上しただけにも見えるが、妻殺しの罪に対する罰だと解釈することも可能だ。

5世紀頃の様子を記した『古事記』の「顕宗記《けんぞうき》」には、**天皇の食料を奪って逃げた老人の首を河原ではね、その一族も膝の筋を切って歩けないようにした**と書かれ、さらに、587年に蘇我氏と物部氏が武力衝突した際には、物部方の兵・捕鳥部萬《ととりべのよろず》が遺体を八つに刻み、8カ国に晒されたとされている。

この他にも、4世紀中頃に神功皇后の部下・葛城《かずらきの》襲津彦《そつひこ》が新羅からの使者を檻の中に閉じ込めて火をつけたり、また、5世紀頃には宮中の女官と石河《いしかわの》楯《たて》という人物が密通したため、2人とも両手足をくくりつけられて火あぶりに処されたとされる。

蘇我氏と物部氏が武力衝突した際に遺体を八つに刻まれたとされる、捕鳥部萬の墓（大阪府岸和田市天神山古墳群内）

また、562年に都の大殿が炎上した際、犯人とされた馬飼《うまかいの》首《おびと》守石《もりし》と馬飼首中瀬氷《なせひ》の兄弟が火の中に投げ入れられたとされている。

『古事記』や『日本書紀』には信憑性の薄い記述もあるが、史料的価値の高い中国の『魏志倭人伝』でも、「倭人（日本人）の社会では罪の重い者を死刑にしている」と書かれているため、刑罰自体があったことは間違いない。

「犯罪者の命を奪って償わせる」という刑罰はきわめて古くから存在し、それは現在の死刑制度に至るまで受け継がれているのである。

恐るべき拷問と処刑　その㊶

古代の拷問は優しかった？

中国の歴史書『隋書《ずいしょ》』の「倭国伝《わこくでん》」にも記されているとおり、少なくとも7世紀頃には日本で拷問が行われていたと考えられる。ただ、それが公的なものなのか、それとも私的なものなのか、ルールが定められていたのかは不明だ。

「残虐な拷問にルールも何もあったもんじゃないだろう」と、現在に生きる我々は考えがちだが、指紋を検出して識別する技術も、嘘発見器のような機械も、ましてやDNA型鑑定などという高度な技術もなかった時代、被疑者を罪人と認定するためには、自白に頼る以外にほとんど術《すべ》はなかった。拷問は被疑者の自供を導き出すのに必要不可欠でもあったのだ。

拷問が公的に認められ、手順や方法が定められたのは、8世紀に入ってからだ。

645年、中大兄皇子《なかのおおえのおうじ》と中臣鎌足《なかとみのかまたり》は、政敵である蘇我入鹿《そがのいるか》を暗殺した。これが乙巳《いっし》の変と呼ばれる事件である。権勢を誇った蘇我氏は政治の中央から退けられ、天皇親政による中央集権制がスタートする。

その政治改革の一環として、中国をモデルにした法整備が進められた。中国の官僚制と法体系を模範にして701年に「大宝律令」が完成。さらに757年には「養老《ようろう》律令」が成立し、形式的にはこれが明治時代まで存続することになった。

江戸時代の笞打ちの様子。公的な拷問や刑罰があった江戸時代とは異なり、大宝律令では、笞か杖で対象者を打つことだけが認められていた

律令の「律」は現在の刑法、「令」は民法や行政法に相当する。**刑罰と拷問は律の中で法制化され、権力者や主君が自分勝手な感情や方法で処刑したり、拷問にかけたりすることはできなくなった。**

当時、拷問は「拷訊《ごうじん》」もしくは「拷掠《ごうりょう》」と呼ばれ、方法は「笞杖《ちじょう》法」、つまり笞《むち》か杖《つえ》で対象者を打つ方法のみ。火責めや水責めといった残虐な方法は禁止された。

杖は木製で、長さ約1メートル、太さ約1センチ、笞は長さが同じで、太さ約0・6ミリの竹が用いられた。杖のほうが太いので、痛みは強いように思えるが、しなる笞で打たれると、たちまち皮膚が破けて血が噴き出す。打撲と裂傷の違いなので、種類が違うだけで痛みに大差はない。

ただ、拷問といえども決まりがあり、１回の責めで打つのは２００回まで。しかも、３回に分けられ、**1回目から2回目、3回目の間に20日は間隔を空けなければならない**。さらに、打つ場所も尻と背中に限られていて、どちらかを集中的に責めるのではなく、両方を均等に打たなければならない。また、僧侶や高位の貴族とその子弟、病人、70歳以上の老人、16歳以下の子ども、妊婦及び出産して１００日を経過しない女性などは除外された。

これらの規定が功を奏してか、奈良時代から平安時代にかけて、拷問で対象者が死に至ったという記録は少ない。

ただし、皆無というわけではなかった。

７５７年、当時の権勢をほしいままにしていた藤原仲麻呂《ふじわらのなかまろ》を滅ぼすべく、橘奈良麻呂《たちばなのならまろ》らが密謀をめぐらした。しかし計画は漏れ、元皇太子の道祖王《ふなどおう》や小野東人《おののあずまひと》、大伴古麻呂《おおとものこまろ》ら関係者は捕らえられて拷問を受け、獄死している。

また、８０９年には謀反の疑いをかけられた伊予《いよ》親王と母親の藤原吉子に連座した中臣《なかとみ》王《おう》が拷問に処され、命を落としている。高位の者は拷問を受けないことになっているが、謀反などの国事犯は例外であったため、皇族や貴族も対象になったのである。

とはいえ、これまで紹介した戦国時代や江戸時代の拷問に比べれば、古代に科された刑罰はかなり緩やかだ。しかも、9世紀から12世紀にかけて**約300年間、公的な死刑制度は廃止されていた**。

日本で初めて死刑の廃止を決めたのは聖武天皇だ。724年、死罪の者を流罪に減ずるとの詔《みことのり》を下している。その後、一時的に死刑は復活したものの、818年には嵯峨《さが》天皇が再び死刑を廃止。最高刑は「遠流《おんる》」（遠方や離れ島への配流《はいる》）か「禁獄」（獄に拘禁すること）とされた。そのため、例えば996年に藤原伊周《これちか》・隆家《たかいえ》兄弟が誤って花山《かざん》上皇の乗る輿《こし》に矢を射かけたときも、左遷されただけで済んでいる。こうした処置は、**殺生を禁じた仏教思想や、恨みを残して死んだ霊が祟りを起こすという「御霊《ごりょう》信仰」に基づく**と考えられる。

ともあれ、武士が政治を牛耳る時代が訪れるまで、私刑はともかく、公的には残虐な拷問や刑罰は執行されなかったのである。

恐るべき拷問と処刑　その66

廃止されたはずの死刑や拷問がなぜ復活したのか？

9世紀初頭からおよそ300年の間は、死刑が廃止された期間であった。その死刑が刑罰として復活したのは、貴族の世から武士の世へと、社会が変化しつつあったことと関係している。

平安時代は貴族や皇族の間で政争が繰り広げられ、ドロドロとした陰湿な権謀術策が渦巻いていた。こうした時代の中で台頭してきたのが、平氏や源氏など、武力を用いて朝廷に仕えた武士たちだ。

武士が政治に介入するきっかけとなったのは、1156年に起きた「保元《ほうげん》の乱」である。後白河《ごしらかわ》天皇と崇徳《すとく》上皇との対立に端を発する保元の乱は、藤原家を筆頭とする公家や平氏、源氏などの武家までをも二分する内乱となった。

このとき天皇側についたのは、平清盛や源頼朝・義経の父親である源義朝《よしとも》ら。上皇側についたのは平清盛の叔父・平忠正《ただまさ》、義朝の父・源為義《ためよし》、義朝の弟・為朝《ためとも》らだ。

戦いの結果、清盛らが属する後白河天皇側が勝利を収めた。すると清盛は、同族であっても対立した者を厳しく処刑した。叔父の忠正のみならず、**長盛・忠綱・正綱・通正という4人の子どもまで斬首した**のである。

加えて、清盛は後白河天皇に対し、崇徳上皇に味方した武士たちの処刑を上奏した。公家の中には難色を示す者もいたが、天皇の側近である信西《しんぜい》（藤原通憲《みちのり》）の進言により、約70人が処刑された。これにより、818年以来、正式には行われていなかった**死刑が338年ぶりに復活することとなった**のである。

死刑の復活に伴い、公然とは行われていなかった厳しい処罰や拷問も蘇った。例えば、源為朝は「流刑」となり、そのとき**肘の筋を切られている**。また、上皇側の中心人物だった藤原頼長の側近、藤原盛憲《もりのり》・経憲《つねのり》兄弟は謀反の原因を問いただすために水責めを受けた。

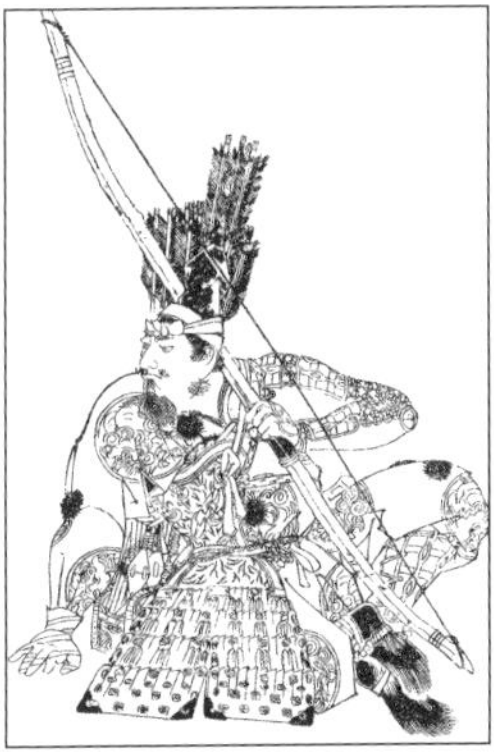
保元の乱で上皇側についた源為朝（菊池容斎『前賢故実』）

死刑や拷問が復活した背景には、公家と武家の価値観の相違が考えられる。

貴族社会が爛熟《らんじゅく》していた平安時代末期、公家たちは出世争いに奔走しつつ、遊興にふける生活を送っていた。

身分によって出世の限界が決まり、政治中枢は高位の家柄が独占していたため、中下級貴族は少しでも上にいこうと、権力者に取り入った。これにより、貴族社会では武力を伴う争いごとを避ける風潮が広がっていく。貴族社会が血や殺生を忌避する仏教と密接な関係にあったことも、争いごとを避ける風潮に拍車をかけた。

一方、武士は敵を倒しても、次は自分たちが狙われる可能性がある。報復を防ぐためには、相手方を根絶《ねだ》やしにする必要があった。歯向かった本人のみならず、その一族も処罰するのはそのためだ。

さらに、武士団を維持していくためには、反発する者や命令に従わない者などを抑える力が必要とある。そうした抑止力となったのが、残酷な処刑や拷問だったと考えられる。

さて、保元の乱から3年後の1159年、後白河上皇の家臣間で権力争いが起き、平家一門が源氏を倒して権力を手にした（平治の乱）。だが、1180年に源頼朝が挙兵したのをはじめ、平氏に反発する武士団が各地で蜂起。この戦いで源氏が勝利し、頼朝が鎌倉幕府を開いたことは、周知のとおりである。

これら一連の争いの間にも、様々な刑罰や拷問が行われた。平治の乱で捕らえられた信西は斬首され、その首は晒された。反平氏の中心人物だった藤原信頼も六条河原で斬首刑に処され、さらに信頼に味方した源義朝も、味方の裏切りによって殺害された後、首は獄門になっている。1183年の水島の戦いでは、平氏に敗れた源氏の将兵の**首が1200も晒されている**。

拷問の種類も、この頃に増加している。例えば平清盛は、義経の祖母の爪を剥いだり、義経をかくまったとして捕らえた午王姫を矢尻責め（先の尖った石で太ももを刺す拷問）にかけたりしている。

また、藤原師光《もろみつ》らによる平家打倒の陰謀が発覚した際には、**師光は口を裂かれる拷問**を受け、陰謀の内容を自白した後、獄門に処された。

さらに、平時忠が**後白河法皇の従者・花形の鼻を落とした**という記述が軍記物語『源平盛衰記』にあるが、これは鼻削ぎに関する初めての記録である。

武家政権が本格的に始まると、13世紀には「御成敗式《ごせいばいしき》目《もく》」が定められ、死刑や羅切《らせつ》が公的な処刑として採用された。約300年にわたる禁が解かれたとたん、堰を切ったように、処刑と拷問は多数見られるようになったのである。

保元・平治の乱図屏風（メトロポリタン美術館所蔵）

恐るべき拷問と処刑　その67

残忍な刑罰が生まれたのはいつ？

これまで見てきたように、江戸時代には残虐な刑罰や拷問が数多く存在した。では、火あぶりや牛裂きのような恐ろしい刑罰は、具体的にはいつ頃から行われていたのだろう？一般的には、武家政権の刑罰は厳しく残忍だったと思われがちだが、鎌倉幕府の場合は処刑のルールを定めており、拷問は制度としては認められていなかった。

執権（将軍の補佐役）として政治を担った北条氏は、政府の意思決定機関である「評定衆《ひょうじょうしゅう》」を設置するなど集団合議制を採用し、武家の法典である「御成敗式目《ごせいばいしきもく》」を制定して政治の安定を目指した。**御成敗式目によれば、死刑に処せられるのは謀反・殺人・山賊・海賊・夜討・強盗・放火の罪を犯した者などで、その方法は斬首刑のみ**。謀反の場合だけ獄門が加えられ、引き回しの後、首をはねられ晒された。

この合議制と御成敗式目の効果もあってか、北条政権の治世は比較的安定していた。御成敗式目に基づき、限定的ながら裁判制度が機能し、武士が関与する諍《いさか》いがあれば、幕府に調停をゆだねることもできたのだ。

しかし、鎌倉幕府が滅び、足利家が将軍となって開いた室町幕府は、権力基盤が不安定で長引く戦乱に苦労した。幕府が成立しても、朝廷は京都の北朝と吉野（現在の奈良県）の南朝に分かれたままで、諸国の武士も北朝側と南朝側に分かれて対立。この「南北朝時代」は、3代義満が1392年に統一を果たすまで続くことになる。

そんな混乱の世を象徴するように、**室町時代には、新たな拷問が登場するようになった。**

室町幕府は基本的に御成敗式目を踏襲したため、死刑も斬首刑と獄門が主だった。

「御成敗式目」を制定した北条泰時。武家を対象にしたこの法典では、死刑の方法は「斬首刑」のみだった

一方、拷問は「推問《すいもん》」「拷問」「拷訊《ごうじん》」の3段階があり、推問は水責め、拷問は爪剥ぎや錐《きり》揉み責め、拷訊は火責めを指している。

さらに、4代義持《よしもち》以降、幕府の権威は徐々に衰え始め、各国を管理していた守護が力をつけ始めた。これがいわゆる「守護大名」だ。

そして1467年、幕府の事実上の支配

者細川勝元《ほそかわかつもと》と、有力者・山名宗全《やまなそうぜん》の対立がエスカレートし、京で戦闘が勃発。後継者をめぐって揉めていた将軍家や他の有力者らもこの争いに巻き込まれ、戦乱は全国へと拡大。その後10年にわたり、日本は内乱状態に陥った。これが戦国時代の幕開けともいわれる、「応仁の乱」である。

「群雄割拠」とも言われるように、15世紀から16世紀の日本は、戦国武将たちが覇を競って土地を奪い合う、殺伐とした時代だった。一族間でも争いが絶えず、家臣が主人を襲うという「下剋上」も見られ、秩序は崩壊した。

いつ誰に狙われるかも分からない時代、各地を治める戦国大名は「分国法」と呼ばれる独自の法律を定めたが、裏切りや謀反は日常茶飯事だった。

そのため、刑罰や拷問も残虐なものに変化していく。**敵対する者や裏切り者を残酷な方法で殺し、見せしめにすることで抑止を図ろうとした**のだ。

殺し殺されることが日常になると感覚が麻痺するのか、些細なことでも過酷な方法で処分を行うようになった。三好長治《みよしながはる》が鷹狩りの邪魔をされたため、少年を牛裂きにした事例などは、人命軽視の最たるものと言えよう。

戦国時代には、**人間が考えつく限りの、ありとあらゆる残虐刑や拷問が誕生**した。「牛裂き」「磔《はりつけ》」「鋸引《のこぎりひ》き」「火あぶり」「釜茹《かまゆ》で」……枚挙《まいきょ》に暇《いとま》がないほどだ。そして、これらの刑を引き継いだのが徳川幕府だった。

江戸時代も、初期の頃は戦国時代の気風が残っており、反逆者や治安を乱す者などに対し、過酷で残虐な刑罰や拷問が行われていた。しかも、法整備がいまだ進んでいなかったため、「どの罪にどのような刑を」や「どんな場合にどの拷問を」という規定も、まだできていなかった。

1742年になってやっと「公事方《くじかた》御定書《おさだめがき》」により、公的な拷問や刑罰の種類が定められた。ただし、キリシタンの弾圧など、幕府が特に敏感だった事柄については、相も変わらず苛烈な拷問が用いられていた。

キリシタンに対する火あぶりの様子（引用元：「日本キリシタン殉教史」）

このように、混乱期に生まれた拷問や処刑は平和な時代になっても完全にはなくならず、むしろ一部は制度化された。そして、厳しい刑罰を耐え抜く者が現れると、さらに様々な刑罰が生み出されていったのである。

恐るべき拷問と処刑　その⑱

戦国時代の権力者は厳しい拷問を行っていた？

権力の歴史は流血と惨劇の歴史でもあり、多くの人々が皇位や当主の座を巡って争った。熾烈な争いを勝ち抜いた権力者には、残虐行為を好む者が少なからず存在した。

仏教思想が広まった平安時代には、死刑は廃止され、苛烈な拷問や処刑は下火になるが、武家の時代が到来すると拷問は復活した。血の気が多い武士たちは、拷問が復讐や取り調べに有用であると考えたからである。

例えば、鎌倉幕府の開祖である源頼朝は、父・義朝を罠にはめて殺した長田《おさだ》忠致《ただむね》と景致《かげむね》を残虐な方法で処刑にかけているし、くじ引きで将軍に選ばれた室町幕府の足利義教《よしのり》は、日蓮宗の僧侶である日親に対して拷問を行っている。

こうした傾向がさらに強くなった時期が、戦国時代だ。

戦国時代の権力者といえば、まずは織田信長、豊臣秀吉、徳川家康を思い浮かべるだろう。織田信長は戦国の歴史を変えた風雲児というイメージで有名だが、逆らう者には容赦しない冷酷な魔王でもあった。

実際、1571年には織田家に服従しない比叡山延暦寺へ焼き討ちをかけ、**僧侶と寺の関係者を焼き殺している**。

さらに1574年には祝賀会の場で、敵対していた**浅井長政とその父久政《ひさまさ》、さらに朝倉《あさくら》義景《よしかげ》の頭蓋骨を金箔で飾った置物を用意**して、家臣を驚かせたという。『浅井三代記』によれば信長は頭蓋骨を盃にしたというから、事実であれば恐ろしい。

それに信長は、敵対勢力だけでなく、部下にも容赦はしなかった。信賞必罰で部下のやる気を引き出したのは事実だが、時には行き過ぎることもあった。城を留守にしている間に仕事を怠けた侍女たちに対し、彼女らを擁護した僧侶も含めて処刑してしまったこともある。

一向宗や浅井家などを容赦なく殺戮した織田信長（長興寺所蔵）

信長は拷問で情報を引き出すというより、逆らう者を徹底的につぶすことを目的に、大規模な殺戮を行使していた節がある。

一方、豊臣秀吉は拷問を好んだようだ。秀吉と言えば、天下統一後のキリシタンに棄教

豊臣秀吉。キリシタンや自身を侮辱する者に拷問を加えた（高台寺所蔵）

を迫るための拷問を行ったが、この他にも、例えば信長が浅井家を滅ぼした1573年、小谷城で長政が自害する中で、彼の母親である阿古が秀吉に捕らえられた。

通例であれば女性は殺されないことが多いのだが、秀吉は違った。秀吉は阿古に対して、**両手の指を切り落とす拷問にかけた**のだ。しかも、1日に1本ずつ切断して、恐怖を煽るという残忍なやり方だった。そうして最後の1本を切り終えたうえで、秀吉は阿古を殺したのである。女性に対する残忍な仕打ちは、関西で言われる「人たらしの太閤さん」のイメージとはあまりにもかけ離れているかもしれない。

そして、外国の侵略を危惧して秀吉が行ったキリシタン弾圧は、家康によってさらに進化することとなり、九州地方では信者への拷問と虐殺が日常的になっていく。

江戸幕府が開かれてもキリシタンの弾圧や拷問は、2代秀忠によって継承され、江戸時代初期には戦国時代のような拷問が散見されたのである。

そんな空気を変えようとしたのが、5代将軍の徳川綱吉だった。社会福祉政策の推進で戦国の風潮を一掃しようと考えた綱吉は、獄舎の環境改善や奉行所の意識改善で拷問をなくそうとしたのである。

綱吉と言えば「生類憐みの令」を出し、民衆より動物を大事にした愚将軍などという評価もあるが、実は生類憐みの令も福祉政策の一環で、法の強制力も実際はあまりなかったという説もある。

拷問の一掃こそ叶わなかったが、この頃から戦国時代の殺伐とした気風から、法に基づく文治主義的な価値観が広まっていく。これにより、拷問も法に基づき処置されるようになっていったのである（残虐な拷問も制度化された）。

恐るべき拷問と処刑　その⑲

江戸時代初期の刑法が残虐だったのはなぜ？

江戸時代は260年以上も続いた平和な時期だったが、天下泰平の裏では、罪人へ対する苛烈な拷問が行われ、処刑方法は時に残酷だった。

いったいなぜ、戦乱の世は終わり平和になったはずの江戸時代に、拷問や残虐な刑罰が残っていたのか。それには、当時の法体制が深く関わっていた。

徳川将軍家は、支配体制を固めるための法を江戸幕府を開いた当初から、いくつも制定していった。天皇や公家に関するルールを定めた「禁中《きんちゅう》並《ならびに》公家《くげ》諸法度《しょはっと》」や、徳川家に仕える大名らを律するための「武家諸法度」がその例だ。

このように支配層や上流階級を律する法が整備されていった一方で、あまり注力されない分野もあった。それが「刑法」である。

戦国乱世が収束しても、それまでの風習はすぐには変わらなかった。そうなると、治安維持の方法も戦国時代からすぐには変わらず、前例重視の裁判と、**見せしめや残虐刑を主**

軸とした、恐怖と暴力による統治が江戸時代初期にも続き行われた。

明文化された刑法がないことから、罪の判断は戦国時代の前例を基礎とされ、鋸《のこぎり》引《ひ》きや火あぶりのような残虐刑もそのまま継承された。拷問の規制やルールの制定もないことから、役人は取り調べで自由に己が発案した方法を試すことも可能だった。そうした環境だったからだろう、多くの対象者を苦しめた駿河《するが》問《ど》いや海老責めも、この時期に生み出されている（海老責めは後に公認の拷問の一つにもなった）。

江戸時代の拷問と残虐刑に変化が現れ始めたのは、3代家光の治世が終わってからだった。その頃には、戦国時代を経験した者の多くが現役を退き、庶民は平和に慣れていた。文や徳を尊ぶ気風が広まっており、苛烈な拷問・刑罰への批判が幕府の内外から出始めるようになったのである。

徳川家康。家康から３代家光の頃までは、拷問や残虐刑はほぼ野放しのような状態だった（大阪城天守閣所蔵）

4代家綱の時代には、将軍の補佐役である保科正之《ほしなまさゆき》が刑罰の見直しを具申《ぐしん》したこともあり、残虐刑の頻度は低下していった。

とはいえ、刑法については状況に応じた特

別法を作成するに留まり、幕府公認の刑法は作成されなかった。5代綱吉も拷問をなくそうとはしたものの、なかなか叶わなかった。

しかし残酷な拷問や刑罰への批判は止まず、1700年代には前例重視の裁判制度に限界が生じていた。こうした事態に、8代吉宗は幕府公認刑法の作成を決断。町奉行・大岡《おおおか》越前守忠相《えちぜんのかみただすけ》らの協力を得つつ、1742年に江戸幕府初の公式刑法典が完成する。それが、本書にもたびたび登場する「公事方御定書《くじかたおさだめがき》」だ。

刑事・民事訴訟の手続きや裁判規定、犯罪に適応される刑罰の種類を上下巻にまとめたこの法典が完成したことで、裁判や取り締まりの手順は厳格化され、残虐刑を用いるための条件が制定された。

拷問にもルールがもうけられ、役人の判断で実行された拷問の対象者を、殺人、強盗、関所破り、文書偽造のいずれかを犯した重犯罪者のみに限定。これらの容疑があっても証拠がなければ拷問は禁止された。**拷問の対象となるのは、証拠が揃っているにもかかわらず、頑として罪を認めない者に限定**されたのだ。

拷問の種類についても、「海老責め」「釣責め」「石抱き」「笞打ち《むち》」の4種以外を禁じ、実行時の手順を定めた。拷問が決定した被疑者は笞打ちと石抱きにかけられ、それでも自白を拒めば、評定所の許可を得たのちに海老責めや釣責めに処されることとなった。

ちなみに、笞打ちと石抱きは拷問の前段階の「責問い《せめどい》」と呼ばれており、厳密に言えば拷問に分類されたのは海老責めと釣責めのみだったのだが、被疑者を痛めつけて自白を強要するという意味では、笞打ちや石抱きも拷問だったと言えるだろう。

現代の感覚からすると、拷問や磔《はりつけ》などの残虐刑が法に基づき許可されているのは、残酷極まりないと思ってしまうかもしれない。だが、残酷な手段の拷問や処刑が野放しになっていた状況を踏まえると、種類が限定されて手順が定められただけでも、当時としては画期的な改革だった。

とはいえ、吉宗の改革で拷問と残虐刑は減ったものの、完全に規制が徹底されていたわけではなかった。**藩によっては昔ながらの処刑法が根強く残り、奉行所においても幕府に隠れて非公認の拷問を加えることが多かった**からだ。

そのため、江戸時代を通じて多様な拷問と残虐刑は残ることになった。これらが法的に禁止されるのは、明治時代に入って10年以上が経った1879年のことである。

恐るべき拷問と処刑　その⑦⓪

江戸時代の取り調べが自白重視だったのはなぜ？

縛られた被疑者を役人が取り囲み、笞《むち》を打ちながら「白状しろ！」と迫り続ける――時代劇ではこのような取り調べの風景が見られる。確かに、江戸時代に拷問があったのは事実だが、毎回被疑者を痛めつけていたわけではない。

当時、治安維持を任されていたのは「町奉行」と呼ばれる人々で、「町奉行所」に勤めていた。町奉行所というと、現在の裁判所のようなイメージを持たれがちだが、民事・刑事裁判だけを行っていたわけではない。奉行所は、地域の取り締まりや犯罪者の逮捕、地方行政までをも執り行う、**現在の裁判所、警察、市役所を合わせたような組織**だった。

町奉行所は大坂や駿府など、幕府直轄の主要都市に設置されたが、最も有名なのは江戸に置かれた「北町奉行所」「南町奉行所」だろう。単に町奉行所という場合は江戸の南北奉行所を指すことがほとんどだ。

被疑者は捕縛されると、一時的に牢屋へ閉じ込められる。その後、被疑者は町奉行所へと連行されると、「与力《よりき》」と呼ばれる役人から、取り調べを受ける。

与力は事情聴取を行い、収集した証拠と証言から事件の真相を探る。この点は、現在とあまり変わりはない。こうした通常の取り調べは、「吟味《ぎんみ》」と呼ばれた。吟味で被疑者が自白すればすぐさま「口書《くちがき》」という調書を作成し、後日、町奉行所内にある「お白洲《しらす》」で判決の申し渡しとなる。

江戸時代の取り調べは与力が担当し、時には上図のように厳しく取り調べることもあった

問題は、被疑者が頑なに罪を認めない場合だ。現代の警察ならば、捜査データや話術を駆使して根気よく自供を引き出し、それでも口を割らなければ、証拠のみを提出して検察へ送致する。

それに対して江戸時代は、自白を引き出すために拷問がしばしば行われた。

「公《く》事《じ》方《かた》御《お》定書《さだめがき》」には、重罪に関しては**物的証拠だけではなく自白が不可欠**だと定められていた。与力は被疑者から自白を引き出すべく、なだめすかし、時には脅しもしたが、それでも口を割らないときに、拷問の出番となったわけだ。

時代劇にも登場する町奉行所の「お白洲」。被疑者はここで判決を言い渡される

拷問が決定した被疑者は、町奉行所から牢屋敷へ移送される。牢屋敷では責任者の与力をはじめ、医者や拷問の執行役、被疑者の扱い人などの各役人が待機し、拷問所で責めの用意が進められる。

すぐに拷問が実行されることはなく、まずは自白を促すための被疑者への説得が再び試みられる。拷問を回避するなら、このときが最後のチャンス。それでも被疑者が自白を拒めば、役人も、もはややむなしと判断して拷問が始まるのである。

といっても、幕府は拷問を奨励してはいなかった。18世紀以降の武家社会では、できる限り吟味の段階で自白を得るのが上策で、**拷問は下策と考えられていた**。

自白がなければ基本的に判決を下せなかったため、拷問はなくならなかったが、もしも拷問に最後まで耐え切り、自白を拒み続けるとどうなるのか。

拷問の目的が自白を引き出すことである以上、被疑者が死ぬような過激な拷問は避ける必要がある。被疑者を死なせてしまうと、事件解決が不可能になってしまうからだ。

そうした場合に備えて用意された最後の手段が、「察斗詰め《さっとづめ》」である。「最後の手段」といっても、より過激な拷問を科すわけではない。察斗詰めとは、集めた証拠をもう一度客観的に洗い直し、罪を犯したことが明白であれば、自白がなくとも処刑を決定できる制度のことだ。

察斗詰めで死刑判決を受けた人物の例としては、二章にも登場した、あらゆる拷問に耐えて自白しなかった大泥棒・木鼠吉五郎《きねずみきちごろう》が挙げられる。

この察斗詰めは現代の方法に近いものの、あくまで拷問の効果が薄い被疑者に対する特例でしかなかった。

そして、こうした自白偏重の取り調べと刑制度は、江戸時代が終わるまで見直されることはなかったのである。

恐るべき拷問と処刑　その㉛

なぜ江戸時代に拷問は「下策」とされていたのか？

望んで拷問を受けようという者はいないだろう。では、拷問をする側の役人はどう考えていたのか。こちらもできればやりたくなかったというのが本音のようだ。精神的につらいという理由もあっただろうが、前項にも書いたとおり、**取り調べ方法として拷問は「下策」とされていた**からである。

江戸時代中期以降、幕府によって「釣責め」「海老責め」「石抱き」「笞《むち》打ち」という4種の拷問が公認された。これにより、被疑者を拷問する大義名分はできたものの、同時にある問題を抱えることにもなった。責めが効かず、自白を引き出せない場合のリスクが増大したのである。

幕府が公認の拷問を定めた以上、それを用いて自白が得られなければ、幕府の定めがよくないと解釈でき、ひいては将軍の威光に傷がつきかねない。そのため拷問で自白を引き出せなければ、「吟味方」（取り調べの役人）は**処罰されることになっていた**。出世を望む者ほど経歴に傷がつくのを恐れ、できる限り拷問を避けたがる傾向にあったようである。

また、江戸時代中期以降の気風も、拷問を下策と見なす価値観に影響していた。初期と幕末を除けば、江戸時代は平和が約250年も続いた時代。幕府も諸藩も庶民も平穏に慣れ、非人道的な残虐刑は形骸化していった。

江戸時代中期に公認の拷問が定められてからは、拷問をする側もプレッシャーを感じていたようだ

実際には鋸《のこぎり》が引かれなかった鋸引き、窒息死させてから火をつけた火あぶり、腹を切る前に介錯《かいしゃく》をした切腹……など、刑罰が苦痛が少ない方向に傾いていったのもそのためだろう。

拷問の執行役である役人自身も、頻繁に拷問を行うような者は時代錯誤で無能な人物だと軽蔑するようになったようだ。

被疑者を拷問せず、証拠の分析や話術で追い詰め、身体的苦痛を与えずに自白させられる者が、有能だとみなされた。現代の尋問官と同じような資質が江戸時代でも求められていたようだ。

恐るべき拷問と処刑　その72

どのような罪を犯したら過酷な刑に処された？

かつての日本には、現在では考えられないほど残虐な刑罰が存在した。では、何をした者が過酷な刑に処されたのだろうか？

江戸時代の量刑の特徴として、同じ殺人でも、**目上の者に危害を加えた場合のほうが過酷な刑に処されることが挙げられる**。これには、当時の社会制度が深く影響している。

江戸時代は封建制であり、主従や親子関係を基本とする強力な縦社会を維持していた。目上の者に危害を加えることは決して許されず、まして殺害してしまうような行為は、**社会制度に対する最大級の反逆行為**と言っても過言ではなかった。そのため、罰は厳しいものになり、内容は残酷になりやすかったのである。

江戸時代の死刑は、「下手人《げしゅにん》」「死罪」「獄門」「火あぶり（火罪）」「磔《はりつけ》」「鋸《のこぎり》引《ひ》き」の6種類。殺害したのが自分の主《あるじ》であれば、死刑の中で最も重い鋸引きに処される。主に傷を負わせただけでも、それが故意であれば磔が言い渡され、両親や兄、夫を殺害した場合も、問答無用で礫である。

また、社会秩序を乱す可能性のある罪にも、厳しい処罰が待っていた。首が3日間晒される獄門は強盗殺人や主君の親族縁者、地主を殺害した者に適応されたが、意外にも文書を偽造した者にも言い渡された。

1657年に起きた江戸の「明暦の大火」を描いたもの（田代幸春画）

江戸時代の文書偽造とは、多くは家系図の偽造である。家柄を重んじる封建社会において、高貴な家柄出身だと家系図を偽る者が蔓延すれば、身分制が動揺し、秩序は乱れてしまう。そのため文書偽造は厳しく取り締まられたのである。

同じく、**放火をした者であれば、たとえボヤで済んだとしても火あぶりになった**が、その理由は、木製家屋に火がつくと規模が小さくても大災害になる恐れがあったからだ。

江戸時代には大火事が頻発し、明暦の大火では江戸城の天守閣が焼け落ちている。こうした大被害を防ぐために、厳しいルールが定められたのだ。

恐るべき拷問と処刑　その⑦③

拷問や処刑にはどんな道具が用いられた？

かつての死刑には、命を絶つことに加え、**「見せしめ」**という側面があった。**恐怖に脅え、耐え難い痛みに苦しみ、肉体がむごい姿になることを見せつけ、犯罪の抑止としたの**だ。

そのためには、処刑の種類にもよるが、苦しみを増幅させる道具や装置が必要となる。鋭い刀で一刀両断にして終わりでは、見せしめの目的は達成されない。

見せしめを目的とした江戸時代の刑罰、つまり公開していた処刑の代表格として、磔《はりつけ》と火あぶりが挙げられる。

磔には、長さ約3・6メートル、約15センチ角の「磔柱」が使われる。男性の場合、柱の上から約30センチのところと、そこから約27センチ下に横棒が通された。左図のように、2本の横棒の間には、長さ約21センチの腰掛け用の突起が備えつけられていた。女性の場合、横棒は1本だけで、前方に突き出した約30センチの円形の台に立つ形となる。つまり、男性用の磔柱は「キの字」となり、女性用は「十字」になっていた。

対象者を焼き殺す火あぶりでも、人体が黒焦げになるまで焼き尽くすために、装置が工夫されている。

刑場には長さ約3・9メートルの柱が地面に半分ほど埋め立てられる。図のように、罪人を覆うために柱に縛り付けられた枠が印象的だ。柱の根元には細い薪を15本ほど縄で束ね、それを踏み台としていた。さらに柱から1メートルほど離れた周囲に、薪が2、3束ずつ張り巡らされた。

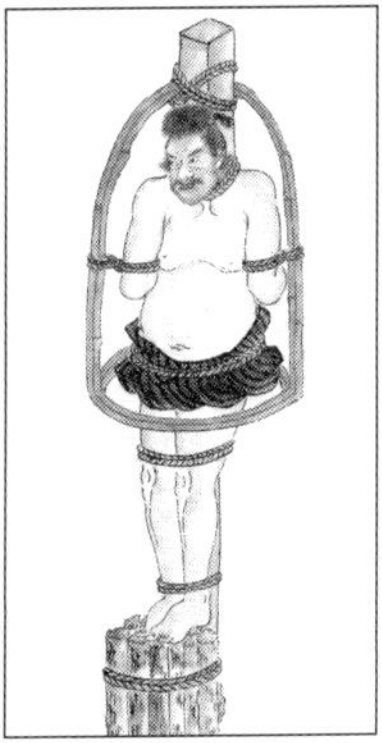
男性用の磔柱（左）と火あぶり用の柱（右）。柱や横棒、枠にいたるまで大きさが決められていた

罪人は枠の中に入れられると柱に縛られ、その上から大量の茅《かや》で覆い隠される。ミノムシ状態となり、外から姿は見えない。その後、火をつけられて焼き殺されるのだ。あまりのむごさから、刑吏が茅で覆い尽くしてしまう前に首を絞め、窒息させてから火をつけることもあったという。

また、極刑である鋸《のこぎり》引きも、見せしめとしての効果が期待されていた。

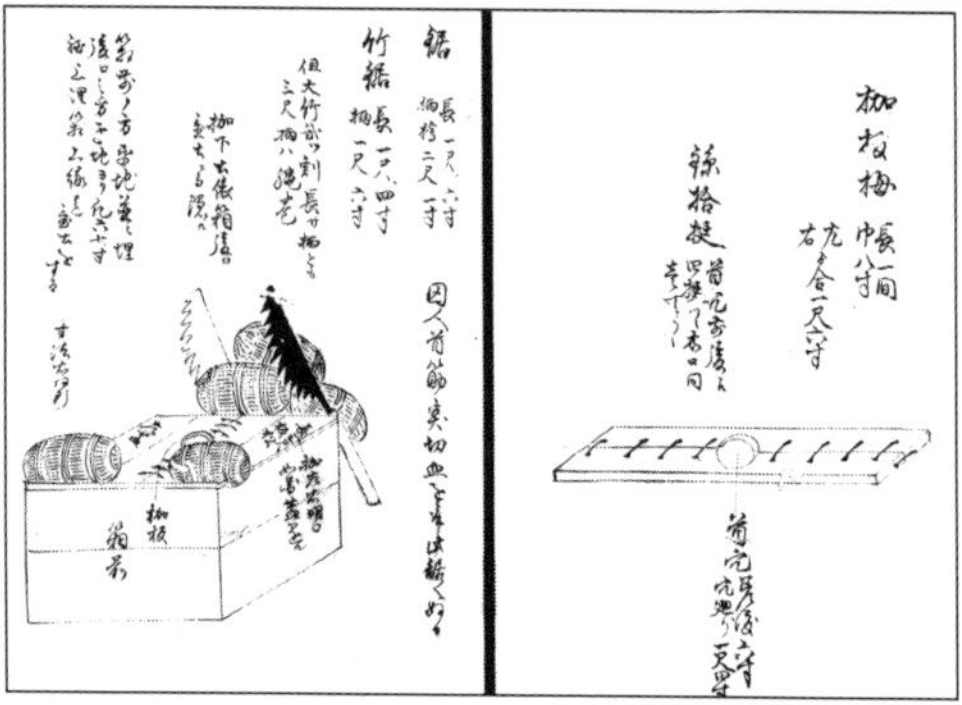

鋸引きの道具。罪人は約90センチ四方、深さ約75センチの木箱内に座らされ、板2枚できた首枷をはめられる。板は長さ約1.8メートル、幅約24センチ。その上に砂を詰めた俵を置いて、罪人が穴から出られないようにした

鋸は金鋸と竹鋸の2種類。金鋸の歯の長さは約48センチ、竹鋸は約42センチだった。**恐怖を演出するため、竹鋸には罪人の肩を傷つけて流れた血をつけ、誰かが鋸を引いたように見せかけた**（ただし、江戸時代の鋸引きでは町人が鋸を引くことはまずなかった）。

この他、道具を使う拷問といえば、石抱きも有名だ。

石抱きの際に座らされる台は「十露盤《そろばん》板」と呼ばれる。三角形に削った長さ約60センチ、幅約10センチの木を横に5本並べた、波型の台である。この上に被疑者を正座させ、「伊豆石」と呼ばれる青白色の責め石を載せていくのである。伊豆石は長さ約90センチ、幅約30センチ、厚さ約9センチに切り揃えられ、重さは約50キロもある。そんな石を何枚も載せられれば、足の骨が砕けて激痛が走ったことだろう。

ただ、**日本の刑罰や拷問は、他国と比べるとそれほど道具には凝っていない**。ヨーロッパでは「ギロチン」をはじめ、観音開きになった鉄製の人形の内部に、びっしりと針が仕込まれた処刑器具「鉄の処女」や、口や肛門、女性の膣内に差し込んで広げる拷問器具「苦悩の梨」、木製・鉄製の長靴を履かせてネジで締め上げ膝を砕く「スパニッシュ・ブーツ」など、道具の種類は多く残虐性が高いからだ。

さて、明治時代に入ると1879年の「太政官布告《だじょうかんふこく》」で拷問は禁止された。ただし、それはあくまでも表向きのことで、特高《とっこう》などでは取り調べの際、厳しい拷問が行われていた。そうした状況を考慮すると、拷問は終戦時まで続いていたと言える。

それに、対象に苦痛を与えることが拷問であるならば、こんなケースも拷問の一種と言えるだろう。

昭和初期、少女殺人の疑いである男が留置された。厳しい取り調べに対しても、男は決して自供しようとしない。そこで係官は一計を案じた。ある夜、男が眠っている隙に1着のセーラー服を独房の壁にぶら下げた。すると深夜、目を覚ましてそれを見た男は幽霊と見誤り、「許してくれ！」と戦慄して叫び声を上げ、4日後に自供したという。係官が直接手を下したわけではないが、被疑者には大きなダメージを与えたのだった。

恐るべき拷問と処刑　その74

公開処刑は大衆の娯楽の一種だった？

かつての処刑は「見せしめ」の意味合いもあったため、庶民に公開されることもあった。公開処刑の中で有名なのは、古代ローマの円形闘技場コロッセオで行われた「動物刑」だ。コロッセオは約5万人が収容できたとされ、数多くのイベントが開催された。奴隷や罪人と猛獣が戦う公開処刑（動物刑）も行われ、**人間がトラやライオンに噛み殺される光景が、大勢の観客の前で繰り広げられたという**。

そんな残酷なシーンを見て、満杯のローマ市民は大いに熱狂した。そんな市民の期待に応えるべく、政府は公開処刑に最大で**国家予算の3分の1を投じた**とされる。

近世に入っても、公開処刑は庶民にとって、最高の見世物だった。1724年のロンドンでは、強盗と脱獄を繰り返したジャック・シェパードの処刑に20万人以上の観衆が集まったと言われる。1757年のフランスでは、国王・ルイ15世の暗殺に失敗したフランソワ・ダミアンが八つ裂きの刑に処せられているが、**この処刑を見物した記念にダミアン**

の肉片を持ち帰った観衆もいたとの記録がある。

では、日本の場合はどうだったのだろうか？

日本でも公開での処刑は古くから行われていたが、江戸時代に入ってからの公開処刑は、「磔《はりつけ》」「火あぶり」「鋸《のこぎり》引き」の3種類である。

そして、この三つの刑を執行する前には、罪人を馬に乗せ、その姿を庶民に見せつける「市中引き回し」が行われたが、この際、列には50〜60人もの人が参加しており、ちょっとしたパレードのようなものだったとも言える。

実際、「市中引き回し」が行われる沿道は見物する庶民で溢れかえった。そして、行列の後をついていったり、先に刑場に赴くなどして、罪人の処刑を待つのだ。

目の前で罪人が刺し殺され、もしくは焼き殺される様子を見て、中には成仏を願って念仏を唱えるような者もいたかもしれない。

しかし、ほとんどは、人間が無残な姿に変わり果て

ヨーロッパでは古来、公開処刑は市民の娯楽だった。図は、19世紀に描かれたコロッセオでの動物刑の想像画

ていく様を好奇の目で眺めていた。そこには恐怖心と共に、まるでスプラッターホラーの映画を観るような、スリルと興奮も芽生えていたとも考えられるのである。

一方、民衆が罪人を蔑《さげす》みと嘲《あざけ》りの目で眺めたのが「晒し」の現場だ。

晒しは人通りの多い場所に「晒される」刑で、主に、女犯《にょぼん》の僧と心中に失敗した男女に対して処された。情欲に負けて戒律を破った僧や、色恋に迷ったりした者が辱めの刑を受けたのである。

見る側にとっては彼らが、「欲に駆られて道を踏み外した愚か者」に思えたことだろう。僧侶は特権階級でもあったため、同情する庶民は多くなかったと思われる。

晒しは3日間続くが、その間、見物人の数は引きも切らなかった。1841年に48人もの僧が晒されたときは、**江戸中の人々が見物に訪れて非常に混雑した**との記録も残されている。

このように、公開処刑には怖いもの見たさや欲に負けた者を見下して優越感を抱かせる作用があるが、もう一つ、男性の性的な好奇心を満たす作用もあった。

1860年代に、相模（現在の神奈川県）の三島宿で、おせきという女性が火あぶりに処されることになった。刑を実行する前に、役人は妙齢の美女であったおせきを、全裸にして河原に立てられた柱に縛りつけた。この光景を見ようと堤防に観客が押し寄せ、**「三**

島神社の祭礼よりも賑やかな人手であった」と言い伝えられている。

また、心中で両方が死んだときの遺体は、現場のままの状態で晒されたが、それが中止となる事例が起こった。1793年、大坂で心中事件が起こり、男女の遺体が晒されたが、女性の陰部が毛深いと評判が立ち、それを確かめようと大勢の見物人が押しかけた。これがかえって風紀を乱してしまうと判断され、晒しは中止となったのである。

このように、江戸時代の庶民にとっては、ヨーロッパ同様、公開処刑は娯楽の一つになっていたようだ。とはいえ、当時の人々の感覚が異常だったわけではない。

現在でも公開処刑が行われている国や地域はあるし、インターネット上には残虐かつ猟奇的な画像や動画などが氾濫している。それにネット上では、犯罪者や犯罪の被疑者、さらにはその家族や関係者などの個人情報を探し出して「晒す」行為も、頻繁に起きている。残酷な処刑を楽しんだ江戸時代の人々も現在の人間も、下世話なものに興味を示すという意味で、本質は同じというわけだ。

恐るべき拷問と処刑　その⑮

ヨーロッパの魔女裁判は日本の拷問よりも残酷？

ここまで述べてきたとおり、日本に残酷な拷問や処刑がいくつも存在したことは、紛れもない事実だ。ただし、それは日本に限った話ではなく、外国、特にヨーロッパの拷問や処刑は、**日本よりはるかに過酷なものが多々見られる**。

ヨーロッパの拷問と言えば、中世に行われた**「魔女裁判」**が有名だ。被疑者となった女性が、魔女かどうかを判定するための裁判が魔女裁判で、魔女と認定されれば火あぶりとなる。15世紀から17世紀にかけて魔女裁判は盛んに行われ、処刑で死亡した女性の数は、数十万人、リンチや拷問での死亡者や自殺者も含めると**約３００万人**にのぼったとする説もある。

しかも、魔女であるとの疑いをかけられるのは、「猫を飼っている」「人付き合いが悪い」「森の中に住んでいる」など、他愛のない理由がほとんどだったとされる。多くの女性は、まるで身に覚えのない罪や容疑で命を奪われたのである。

魔女とみなされた女性は、まずは司法行為としての訊問を受けた。もちろん、この段階で自分が魔女だと認める人はいない。そこで役人は拷問で自白を得ようとするのだが、その方法は、笞《むち》打ちや水責め、ペンチでの爪剥ぎ、赤く熱した鉄を体に押しつけるなど、残虐なものばかりだ。

「魔女裁判」にかけられ、火あぶりにされる女性

また、キリスト教の価値観に基づき、被疑者を縛って川や池に沈めることもあった。

キリスト教において「水」は聖なるものであり、「悪魔は聖水による洗礼を拒む」という考えもあった。そのため、魔女の体は水に拒否され、沈むことはないと信じられていた。

しかし、元来、人間は水に浮くようになっているので、重石でもつけない限り体は自然と浮き上がってくる。そうなると、浮き上がれば魔女の証拠だということになり、浮き上がってこなかったとしても、待っているのは溺死である。一度魔女の疑いをかけられれば、助かる方法は皆無だったのだ。

ではなぜ、こうした集団ヒステリーのような魔女裁判が行われたのだろうか。

そもそも、拷問自体は、ヨーロッパでは古代ローマ時代から行われていた。しかし、ローマ帝国が事実上崩壊してから中世に至るまでの間、拷問が行われたという記録はほとんど残っていない。

つまり、古代の制度が、中世になって復活したことになる。

中世ヨーロッパはキリスト教化が進み、各地で都市も発展した。その都市化により、人口は一部地域に集中したが、衛生状況が悪かったこともあり感染症の流行が相次いだ。

特に、14世紀にはヨーロッパ中でペストが猛威をふるい、1315年から17年にかけて未曾有の大飢饉も起き、大規模な農民暴動も頻発した。

そして14世紀末のカトリック教会大分裂や15世紀以降の宗教改革により宗教社会も混乱し、市民は精神的な不安に陥った。

そんな社会・宗教に対する不安を反映するように、黒魔術などのオカルトも流行し、実際に怪しげな儀式を行う集団も存在していたと言われている。

このような時代の中で、市民は魔女に責任を押しつけた。また、そんなスケープゴート（いけにえ）的な意味だけではなく、実は、**拷問が「被疑者のためになる」とされてもいたのだ。**

当時、罪を犯すのは心が悪魔にのっとられているからだという考え方があり、自白すればその人の魂は救われると信じられた。

つまり拷問には、汚れた魂を浄化するという役目もあり、もしも無実であれば、どんな拷問にも耐えることができ、命を落とすのは悪魔から心が解放されなかった結果とされたのである。

なお、自白をして魂から悪魔が抜け出たとしても、犯した罪は償わされるのだが、それでも、悪魔にのっとられたまま死ぬのと、そうでないのとでは雲泥の差があったようだ。

キリスト教では、世界の最後にイエスが再臨し、全ての死者を蘇らせ、地獄と天国に分ける裁きを行うという「最後の審判」が信じられており、邪悪なものは地獄へと落とされる。

この考え方があるので、死ぬときの魂の状態が重要とされるのである。

こうした宗教的概念もあり、ヨーロッパの拷問は苛烈を極めた。しかし、自白で人助けをするという博愛的な考え方を持つヨーロッパの拷問が、結果的に日本の拷問以上に苛烈だったことは皮肉な話だとも言えるだろう。

恐るべき拷問と処刑　その⑯

江戸の牢屋は死の危険がある施設だった？

江戸時代には、罪人を刑務所に収容する懲役や禁錮に相当する刑罰が、原則として存在しなかった。江戸石川島の人足寄場《にんそくよせば》や佐渡島の金山に送られることもあったが、これらは無宿者の収容所であったり、軽犯罪者の更生施設として機能していた施設で、刑務所とは若干異なる。江戸の日本橋小伝馬町《こでんまちょう》には有名な「伝馬町《てんまちょう》牢屋敷」が置かれていたが、これも刑務所ではなく、未決囚を収容する留置所や拘置所に近いものだった。

留置所であるなら、無実であったり証拠不十分であったりすれば、出牢できたと思うかもしれない。しかし実際には、牢内の生活は過酷を極め、**下手をすると命を落とす危険があった**のだ。

敷地内は、「武士揚座敷《あがりざしき》」「揚屋《あげや》」「女牢《おんなろう》」「大牢《たいろう》」「二間牢《にけんろう》」「百姓牢」に分かれていた。施設の長官は「牢屋奉行（囚獄《しゅうごく》）」の石出帯刀《いしでたてわき》。石出氏は代々帯刀を名乗り、世襲で牢屋奉行を務めていた。

牢屋奉行の下には「牢屋同心」と「下男」がおり、数は前者が76人、後者は48人前後。これら幕府の役人以外に、12人の「牢内役人」を置くことが認められた。牢内役人の筆頭は「牢名主《ろうなぬし》」と呼ばれ、**牢屋敷内の自治をまかされていた。**時代劇ではよく、畳を10枚ほど重ねた上にふんぞり返る牢名主の姿が描かれるが、これは決して演出ではなく、実際にあった光景だ。牢名主の権力は絶大で、牢内のすべてを牛耳っていたのだ。

各自に与えられるスペースは、牢名主やナンバー2である「添役」、元牢名主の「隅の隠居」などは1畳分だったのに対し、**普通の囚人は1畳の上に7人から8人ほど座らされた。**囚人の大多数は手足を伸ばす余裕もなく、寝るときもギュウギュウ詰めだ。

ただし、入牢の際に「ツル」と呼ばれる金銭を持ち込んで牢内役人に渡したり、「届物」と呼ばれる差し入れを提供したりすれば優遇され、与え

伝馬町牢屋敷内の様子。牢内の食事は朝夕２回。１日に玄米が５合と汁物という内容で、添えられる香の物は牢内で作った。入浴は 20 日に１回くらいの割合で行われた

られるスペースも広くなった。

「牢獄の中なのだから金があっても役に立たないのでは？」と思うかもしれないが、牢屋敷は金で大抵のものを購入することができ、**薬や菓子、酒や煙草も入手可能**だった。ツルの持込みは禁止されていたが、金は牢屋同心や下男に渡す賄賂としても利用されたため、黙認されていたのである。

牢内で生き残りたい者にとって、ツルは必要不可欠なものだった。環境を改善できたし、さらには「作造り」の見逃し料として使うこともできたからだ。

作造りとは、**牢内で行われるリンチ**のことである。規律を守らない者、反抗的な態度を示す者に対して行われた。また、元は取り締まる側であった「岡っ引《おかぴき》」（「御用聞《ごようき》き」「目明《めあ》かし」などとも呼ばれた町奉行の民間の協力者）が牢に入った際にも、復讐として行われた。

しかも、大人しくしている囚人でさえ、「収容人数の調整」という理不尽な理由で作造りの対象になることがあった。役人は牢のキャパシティを考慮せず、囚人を送り込んでくるため、場合によっては囚人が座ることすら困難になってしまう。そんなとき、囚人の数を囚人たちが調整する。つまり、**作造りで殺してしまう**のだ。

牢内役人たちは相談のうえ、囚人の中からターゲットを選ぶ。理由は、「顔つきが気に入らない」「いびきがうるさい」など、取るに足らないものだ。

ある囚人は、布団で巻かれ頭を下にされ、朝まで壁に立てかけられた。またある囚人は、手足を押さえられ、口と鼻をふさがれ、胸の上に誰かが尻餅をついて殺害された。こうした殺害が**一夜に3人から4人、5日から10日間隔で行われた**という。

やっていることは犯罪行為だが、実行者たちが処罰されることはなかった。牢を管理する牢屋同心には、急病で死んだと報告される。牢屋同心は医者に命じて検死させるが、形式上の処置に過ぎない。牢内役人から二分金の賄賂を受け取るため、リンチはなかったことにされるのである。

また、牢内の不衛生な環境のせいで病気になる者もいたが、そうした病人も作造りの対象になった（医者はいたが大した処置はしなかった）。つまり、生きるか死ぬかは運次第だったのだ。

ちなみに、そんな劣悪な環境でも、知恵をはたらかせて牢内から脱出しようとする者もいた。重病人で、反逆罪（主や親に対する殺傷）の被疑者ではなく、牢内役人や牢屋同心の心証がよかった者は、「溜《ため》」と呼ばれる療養施設に預けられた。浅草と品川にあった溜は牢屋敷より環境が良好で、月に一度、医者による検診も行われる。そのため、絶食したり塩を舐めたりして病気を装い、わざと溜行きになる者もいたという。命の危機が迫っていたとはいえ、たくましい話である。

恐るべき拷問と処刑　その⑦⑦

江戸の治安は罪人が守っていた？

江戸時代の警察制度は、どのようなものだったのだろうか？　当時は幕府と250を超える藩による共同統治の時代で、幕府・各藩は独自の警察機構を有していた。そのため全国の警察組織を統括する、警察庁のような役所も存在しなかった。

江戸の治安を守ったのは「町奉行所」である。首都の治安維持を担うという意味では、現在の警視庁と同じだが、**町奉行所は江戸の裁判や行政も担ったので、裁判所や東京都庁のような機能も兼ね備えていた**。

江戸の町には、南北二つの町奉行所が置かれた（1702年から1719年までは中町奉行所も設けられていた）。南北二つといっても、管轄ごとにわかれていたのではなく、どちらも江戸全域が管轄である。二つの奉行所は、訴訟窓口を1カ月ごとに交代し（月番制）、南北の町奉行が協議して判決を決定するのが基本だった。

ただし、刑事事件の処理は月番に関係なく行われていた。また、商業関連の訴訟は北町が書物、酒、廻船など、南町が呉服、木綿、薬種問屋などといったように、業種で担当が分かれていた。

こうした多様な業務をこなしていた幕府役人が、「与力《よりき》」と「同心《どうしん》」である。町奉行所には与力が南北各25人、同心は100から120人ほどが勤務していた。与力とは、町奉行や大番（大手門をはじめとする江戸城の警備担当組織。トップは「大番頭」）などを補佐する中級武士の役職名で、その下に位置する下級武士が同心である。現在に置き換えれば与力は中間管理職に相当し、同心は実務にあたる公務員といったところだ。

町奉行所には様々な部署があったが、**警察組織に相当する「三廻《さんまわり》」は、同心のみで構成されていた。**

三廻りとは、「隠密廻り（南北各2人）」「定《じょう》廻り（南北各6人）」「臨時廻り（南北各6人）」の三つである。市中に紛れて諜報活動を行うのが隠密廻りで、通常の捜査を担当したのは定廻りだ。臨時廻

被疑者を捕縛する様子。右の人物は房のついた十手を持っているが、これは同心以上に許され、岡っ引の十手にはついていなかった

りは定廻りのＯＢが就き、定廻りの指導と補佐を担っていた。

彼らが事実上の治安実働部隊として機能していたわけだが、１００万人以上とも言われる江戸の人口に対して、隠密廻り、定廻り、臨時廻り全てを合わせても30人弱。これではとても仕事にならないということで、三廻の同心たちは自費で捜査員を雇っていた。それが「岡《おか》っ引《ぴき》」（あるいは「御用聞き」「目明かし」）と呼ばれる一般人だ。同心から支払われる手当は月に2分（約5万円）から1両（約10万円）程度である。

一般人と言っても、岡っ引は博徒や元囚人など、裏社会に関わる人物が多かった。役人である奉行所の人間よりも、裏社会に関係する人間の方が、犯罪者の心理はよくわかる。なかには町奉行所が把握しない、犯罪者ネットワークに伝手《つて》を持つ岡っ引もいたため、捜査に有益な面はあった。

岡っ引は手下として「下っ引」を使うことが多く、江戸市中には岡っ引・下っ引合わせて３０００人ほどいたとされる。彼らの活躍で犯罪者を捕まえることができたからこそ、同心たちは私財を投じて岡っ引を雇ったのだろう。ただ、岡っ引の中には奉行所の権威を振りかざして高慢な態度をとったり、金品をゆすったりする者もいた。そのため、**幕府はたびたび岡っ引の使用を禁止する御触れを出している**。岡っ引は非公認の協力者に過ぎず、実際は、「銭形平次」のような正義のヒーローとは程遠い存在だった。

同心と岡っ引の違いは、被疑者確保の際に使われる道具にも表れていた。被疑者を捕らえる際、同心たちは「十手《じって》」を携帯していたが、岡っ引は常に十手を携帯できたわけではない。岡っ引の持つ十手は、**事件ごとに奉行所から支給され、毎回奉行所へ取りに出かける必要があった**。また、同心以上の場合、十手には房が許されたが、岡っ引の十手にはついていていない。同じ犯罪捜査をする人間でも、幕府や奉行所によって、差異がもうけられていたのである。

ちなみに、差異は奉行所内だけでなく、奉行所とその外部の役人にももうけられた。町奉行の与力は罪人を扱うため、書院番（徳川将軍直属の親衛隊）や大番などの与力よりランクが下に扱われ、**幕府直属の役人であるにもかかわらず、将軍への謁見（御目見《おめみえ》）や江戸城への登城も許されなかったのだ**。

とはいえ、町奉行の与力には300坪程度の屋敷が与えられ、給付される俸禄《ほうろく》は約200石と、下級の旗本（御目見《おめみえ》を許された1万石以下の幕臣）よりも多かった。加えて、揉め事の際に便宜を図ってもらおうとする大名や旗本、町の商家からの付け届けもあり、裕福な暮らしを送っていたと考えられている。

恐るべき拷問と処刑　その⑱

首を切られた遺体はどう扱われていた？

江戸時代に最も多く実施された処刑方法は、「斬首刑」（打ち首）だとされている。殺人犯やその共犯者などは、ほぼ確実に首をはねられた。しかも、首が落とされれば刑は終わりと思いきや、罪の重さに応じて処刑後の遺体の扱いは異なった。第一章でも記述したとおり、首は付加刑《ふかけい》として晒し首になることもあったが、首から下の胴体も、さらなる刑に処されることがあったのだ。

多くは寺で埋葬されたが、罪人が前科持ちや主人・親を負傷させた者であれば、葬儀も行われず、胴体は試し切りに使われた。刀の切れ味を試すための、道具にされたのだ。

また、刑罰ではないが、場合によっては**解剖に使われる**こともあった。国内初の人体解剖を行った山脇東洋も、使用したのは罪人の遺体である。罪人の遺体はぞんざいに扱われることもあったが、東洋は解剖後の遺体を弔い、自身の菩提寺で供養している。

ただし、罪人の解剖は医術の発展のみを目的としたわけではなく、もう一つ大きな理由があった。それは、**死体で薬を作る**ことである。

江戸時代には、結核は確実な治療方法がなかったことから、不治の病と恐れられていた。そうした中で結核に効果があると信じられていたのが、人間の脳や内臓を使った漢方薬だ。

斬首刑の後、死体を片付ける様子。遺体は埋葬される場合、丁寧に血抜きされ、首は水で清められた

処刑人や奉行所関係者の一部は、罪人の死体で「山田丸」「人胆丸」などの薬を製造。これらを富裕層向けに高値で売りさばくことで、利益を得ていた。

江戸幕府一の斬首人として知られた山田浅右衛門《あさえもん》（朝右衛門）も製造に関わったひとりであり、罪人由来の漢方薬で財産を築いていた。

現代人の感覚からするとグロテスクな話だが、当時としては人体由来の漢方はさほど珍しくなく、大陸でも同様の薬が古くから存在した。

ちなみに、現在の死刑囚の場合、遺体は遺族に引き渡されるか、引き取り手がいなければ拘置所で火葬されたのち、葬式が執り行われることになっている。当然ながら、死体が転用されることはない。

恐るべき拷問と処刑　その⑲

江戸時代は身分によって刑罰が違った？

江戸時代は基本的に、生まれた家が武士なら武士、庶民なら庶民として一生送っていた。武士以外が金で武士身分を買ったり、褒美として武士に取り立てられるうケースもあったが、普通の生活を送る大多数の庶民には、縁のない話だった。

このような身分の差は、**罪に対する刑罰にも反映されていた**。自由刑（行動の自由を束縛する刑）にかけられるとしても、農民や町人が「手鎖《てぐさり》」などで処罰されるところを、武士であれば「閉門」（門と窓を閉ざした住宅に謹慎させる刑罰）に処された、といった具合である。**庶民は拘束や暴力を伴い、肉体的な苦痛を与えられることが多かった**のだ。

それに比べて武士の場合、自宅謹慎で済むのだから楽に思えてしまうが、精神的な苦痛は相当に大きかった。面子を重視した武家社会では、謹慎は家の名前に傷がつく恥ずべく事態で、庶民とは異なる意味で苦痛を伴ったのである。

ただ、謹慎は夜間の外出が許される「逼塞《ひっそく》」へと減刑されることがあった。それに武士以外にも「押込《おしこめ》」という謹慎刑が用意されており、この場合に減刑はなく、期間中は一歩も外に出られなかった。支配階級である武士の方が優遇されていたのは、事実である。

最も違いが見られたのは、死刑である。庶民が重犯罪を犯せば、「磔《はりつけ》」「鋸《のこぎり》引き」などの苛烈な刑に処されたが、武士の場合、極めて悪質な手口や主君殺しでもなければ残虐刑にはかけられず、大抵は「切腹」か「斬首刑」で済まされた。

また、僧と神主も特権階級とみなされた。罪を犯しても罰は閉門や逼塞、「一宗構《いっしゅうかまえ》」（宗派からの追放）や「追院《ついいん》」（僧を辞めさせて追放する刑）などで、肉体的な苦痛が伴う、過酷な処刑が科せられることはなかった。ただし武士の場合と同じく、刑罰によって面子をつぶされ、共同体から疎外されるケースはあった。どんな立場の人々も、できるだけ避けたい刑罰ばかりだったことは間違いない。

恐るべき拷問と処刑・その⑧⓪

どのような人々が処刑執行人となったのか？

現代の日本では、公務員である刑務官が複数人で死刑執行を担っている。懲役刑を執行する施設である刑務所に勤めているのも、同じく刑務官である。

一方、江戸時代以前は役人や兵が処刑を行うこともあれば、被害者、または罪人の家族に手を下させることもあった。その後、江戸幕府が開かれると、処刑はある人々に任されるようになる。その人々とは、最下層の身分に定められていた「非人」である。

現在では、江戸時代、被差別階級に属していた人々のことを、「エタ・非人」とまとめて呼び、同一視している人もいるが、実のところ、両者は全く同じというわけではない。

エタは固定された身分であり、町民や農民などがなることはなかった。一方、近親者と密通した者や心中を企てて生き残った者などは、非人にするという刑罰（非人手下《てか》）があったように、農工商の身分の者も非人になる可能性があった。

また、エタと非人は仕事の内容も異なり、エタが家畜の死骸処理や革製品の製造を生業としたのに対し、非人は物乞い（勧進《かんじん》）、大道芸、町内の清掃や奉行所の手伝いをすることで日々の糧を得ていた。**この手伝いに含まれていたのが、処刑だった。**

処刑の日時が決まると、担当の非人は刑場へと赴き、刑を執行した。刑場の警備や罪人の世話、死体の後始末も非人の仕事で、切り終えた首を獄門台へ運ぶ役も非人が担当した。

火あぶりが終わった後の片づけの様子。こうした刑場における雑用や遺体の処理は非人が担当していた

幕府が非人を処刑人にしたのは、役人が死に関わる仕事を「穢《けが》れ」として忌み嫌ったためだと言われる。つまり、武士が手がけるべきでない仕事を非人に押しつけていたというわけだ。

ただし、斬首刑（打ち首）と切腹の介錯《かいしゃく》は、非人が行うことはなかった。首を刀で切断するには技術が必要で、剣術の心得がなければ難しい。そのため、これらの刑は奉行所に所属する役人が当番制で執り行っていた。

とはいえ、武士だからといって、上手く首を落とせるとは限らない。事実、技術のない役人が何度も失敗を繰り返し、**苦痛のあまり罪人が叫び声を上げながら転がり続けた**との記録もある。

そこで、奉行所は腕の立つ処刑人に斬首刑を依頼していた。それが、**「稀代の首切り屋」**と呼ばれた山田浅右衛門《あさえもん》（朝右衛門）である。

山田浅右衛門は、新造された刀や研ぎ直しされた刀の試し切りを専門とする「御試御《おためしご》用《よう》」に、幕府から任命された武士だ。刀の試し切りを通じて常日頃から死体を切り慣れていた浅右衛門にとって、首を切り落とすことなど造作もなく、斬首刑の成功率は高かった。「山田浅右衛門」という名前は代々受け継がれ、江戸時代までに8人の山田浅右衛門が存在した。技術が必要であるため、必ずしも当主の男子が名を継ぐわけではなく、弟子の中で技術が高い者が、次代の山田浅右衛門に選ばれることもあった。

そんな浅右衛門の腕前を物語る逸話は、いくつも残されている。例えば、怯えた罪人が相手の場合はすぐに首を切ろうとせず、初めに世間話を持ちかけ、安心しきったところで瞬時に斬首したという。初めに緊張をほぐすことで体を強張らせず、即死できるようにするための工夫なのだそうだ。

また、首の皮一枚だけを残して真下へ落とすような技術もあり、**雨の日は傘を差しながら処刑を成功させた**とも伝えられている。

まさに江戸時代屈指の処刑人であるが、実は幕府に召し抱えられてはいなかった。奉行所勤務の役人ではなく、非公式に依頼されたという立場だった。8代を通じて身分は浪人で、旗本や御家人の身分ではない。そのため、決まった俸禄《ほうろく》（給料）はなかった。

といっても、貧しい暮らしをしていたのかというとそんなことはない。処刑や試し切りの際に支払われる報酬と、死体の内臓で作った薬を結核の特効薬として富裕層に売りさばくことで、**小大名に匹敵する財を築いていた**という。

ちなみに、山田家が浪人身分のままだったのは、死に直結した仕事なので幕府から避けられたためだと言われるが、この他、副業（売薬など）に支障が出るので、あえて召し抱えを断ったとも考えられている。

ただ、代々浅右衛門は贅沢を好まず、稼いだ金の大部分は死者の供養と貧民層への生活支援に用いたとされている。罪人とはいえ、多くの命を殺めてきたことに、良心の呵責があったのかもしれない。

8代目山田浅右衛門の実弟・山田吉亮。腕がたち、8代目に代わって処刑を行っていたため、9代目として扱われることもある

恐るべき拷問と処刑　その⑧1

処刑場はどんな場所に置かれていた？

現代では、処刑は専用の処刑場で執行されると決まっているが、鎌倉時代から戦国時代にかけては、そうした処刑場が存在しなかった。罪人が出た町村の空き地や草むらが、時には処刑場として活用された。より多かったのは、汚れた刀や処刑人の衣服を水で清めることができて多くの人が見物しやすい、広い河川敷である。京都の三条河原で石川五右衛門や豊臣秀次の一族が処刑されたのも、そのためだ。

江戸時代に入ると社会制度が安定したこともあり、処刑場はいくつかの決まった場所に置かれるようになった。一つは、牢屋の近辺や牢内だ。罪人を移動させる手間が少なくなるからである。例えば、江戸時代の日本橋付近にあった「伝馬町《でんまちょう》牢屋敷」では、敷地内に処刑場（御仕置場）が設けられて、通常の斬首刑（打ち首）はそこで行われていた。

また、斬首刑以外の場合、野外にもうけた専用の処刑場で執行された。特に磔《はりつけ》や火あぶりといった大がかりな処刑の場合、**見せしめの効果を高めるために、街道沿いが選ばれて**

いた。人里から離れた郊外が選ばれることもあったが、**遺体をそのまま刑場に放置するか埋めることが多かったので、なるべく異臭や害虫から民衆を遠ざけるため**の措置である。

さらに、郊外まで移送する間は、恥辱刑である引き回しも付加されることとなる。処刑のバリエーションと同じように、処刑場にも様々な種類があったというわけだ。

「江戸の三大刑場」の一つ小塚原刑場は東京都荒川区にある延命寺内にあった。跡地には、「首切地蔵」（写真）が置かれている

こうした処刑場の中で有名なのが、「小塚原《こづかはら》刑場」である。

小塚原刑場は延命寺内に設置された刑場で、1651年の開設から200年以上もの間使用された、**江戸における処刑の中心地**だ。

殺された主な罪人は、幕府転覆や要人暗殺を企んだ政治犯たち。幕末に起きた安政の大獄で捕まった志士や文化人は、この処刑場で多くが首をはねられた。

明治維新後に廃止されるまでの間、小塚原刑場で殺された罪人の数は**約20万人**。その中には、吉田松陰のような、後世に名を残す偉人も含ま

火事の避難所で一目惚れした男性にもう一度会うために放火事件を起こした、江戸本郷の八百屋の娘・八百屋お七（歌川国輝画）

れている。

また、「鈴ヶ森刑場」も有名な処刑場である。場所は現代の京浜急行・大森海岸駅の近辺。東海道沿いにあり、磔や火あぶりといった見せしめ刑を中心に、あらゆる処刑が行われていた。1871年まで使われ、十数万人以上の罪人が処刑されたと言われている。

江戸の町を大炎上させたと伝わる、八百屋お七の処刑が行われたのもこの場所だ。また、「自分は8代将軍吉宗の隠し子である」と称して捕まった山伏の天一坊も、鈴ヶ森刑場で処刑された後、首が獄門台で晒されている。

当時は西方から江戸へと入る人が多く、鈴ヶ森刑場は江戸市中への入口のような場所でもあった。ここで大々的に処刑を行い、獄門台に首を置くことで、江戸へ入ろうとする悪人へ警告することができたのだ。

小塚原刑場や鈴ヶ森刑場のような処刑場は、江戸時代には日本各地に設置された（小塚原刑場、鈴ヶ森刑場と「大和田刑場」という処刑場を合わせて、「江戸の三大刑場」と言われる）。

現在は多くの刑場が取り壊されたが、その影響はいまだに残っている。処刑執行の場だったという恐ろしい歴史からか、小塚原刑場跡と鈴ヶ森刑場跡を含め、心霊スポットとなっている処刑場跡地が少なくないのだ。浅草にあった鳥越刑場跡、千葉県佐倉市の江原刑場跡、京都市山科区の粟田口刑場跡、岡山市の柳原刑場跡などは、心霊現象が起きたとまことしやかに語られることがある。事実かどうかはともかく、多くの人が殺されていた土地ならば、背筋が凍る思いがするのも無理はないかもしれない。

恐るべき拷問と処刑　その㊷

大勢を拷問に処すために「自然」が利用された？

自然は人々を魅了し、癒しをもたらす一方で、厳しい環境は拷問に利用することもできる。

江戸時代に行われたキリシタン弾圧の目的は、「大人数の信者を短期間で棄教させる」ことだった。そこで幕府や諸藩は、土地特有の自然環境を利用し、一人ひとりを道具で拷問する時間と手間を省こうとした。最たる例は「雲仙《うんぜん》地獄」だろう。

キリスト教信者が多かった島原では、島原半島中央部にある火山・雲仙岳が広大な拷問の舞台となった。**硫黄沸き立つ熱湯をかける、硫黄ガスで皮膚を焼く、火口に突き落とす**などの拷問が行われ、頑なに信仰を変えないキリシタンたちは、この地で最期を迎えた。

また、品川でのキリシタン弾圧では「海」が利用された。「水磔《すいたく》」である。海岸に信者を十字架に**逆立ちの状態で磔《はりつけ》にし、潮の満ち引きを利用して苦しめた**のだ。

海は広大なので、大人数を一度に苦しめることができる。この弾圧では一度に70人もの信者がこの拷問にかけられ、**8日間で全員命を落とした**とされる。海の特徴を大いに活かした恐るべき拷問と言えよう。

さらに、江戸時代末期から明治時代初期にかけて長崎で起こった「浦上四番崩れ《うらがみよんばんくず》」では、長州（現在の山口県）の萩に配流された信者たちに対し、「寒さ」を利用した拷問が行われた。**冬の寒い風の吹く中、石の上に正座させ続けた**のである。

この際、一人の女性信者は腰巻き1枚の状態にされ、体が埋もれるほどの大雪となってもそのまま晒され続けた。だが、彼女は最後まで棄教しなかったというから、役人たちは驚いたに違いない。

ちなみに、雪を使った拷問は、遊女に対する私刑としても行われていたようだ。体に傷をつけなくて済むうえ、水をかけるより手間がかからないからである。

自然は人を痛めつけるための恐ろしい道具にもなる。だが、最も恐ろしいのは、それを思いつく人間の方なのかもしれない。

長崎県の島原半島中央部にそびえる雲仙岳。火山を利用した拷問の数々が、キリシタンに対して行われた

恐るべき拷問と処刑　その⑧③

拷問廃止のきっかけはお雇い外国人がつくった？

江戸幕府は、見せしめや自白強要のために、残忍な処刑や拷問を公的に認めていた。だが、江戸幕府から明治新政府へと政権が移ると、拷問は廃止されることになる。

といっても、明治政府が誕生してすぐに拷問が廃止されたわけではない。新政府発足当初は江戸時代の刑体制がそのまま残され、拷問の多くが受け継がれた。1873年に発布された「断獄則例《だんごくそくれい》」には、「訊杖《じんじょう》」（杖で叩く拷問）と「算盤《そろばん》抱き」（石抱き）を認める記述が残されており、**拷問が法的に認められていた**ことがわかる。

そんな新政府の態度は、諸外国の反発を招くことになる。

1858年に締結された欧米各国との修好通商条約は、関税自主権の放棄と治外法権（外国人を自国の裁判にかけられない権利）が定められていたことから、不平等条約と言われている。

中でも、治外法権だけは死守する姿勢を相手国は貫いていた。もしも治外法権を撤廃すれば、自国民が凶悪な拷問にかけられる可能性が出てくるからだ。不平等条約撤廃を早期実現できなかったのは、欧米列強が日本を軽視していたからだけではなく、拷問が認められていた体制を問題視していたからでもあった。

　そうした問題に一石を投じたのが、ギュスターヴ・エミール・ボアソナード。フランスから招かれた明治政府の法律顧問である。

　明治時代初期の政府は、近代化を急務と考え、ヨーロッパから多数の専門家を雇い入れた。彼らは「お雇い外国人」と呼ばれ、政治や経済、軍事、教育と幅広い分野で政府へ助言と協力を行い、日本の近代化に大きく貢献した。

明治時代の法廷の様子。明治時代に入っても、拷問はすぐに廃止されたわけではなかった

　ボアソナードも、そんなお雇い外国人として日本にやってきた一人だった。パリ大学で法学部の教授を務めた経験を買われ、司法省（法務省の前身）における法整備のアドバイザーとなったのである。

　来日したボアソナードは法律家の育成と法案作成への協力に心血を注ぎ、ヨーロッパに匹敵するような近代的法律を日本に根づかせるため活動した。

そして、このボアソナードこそが、**日本の拷問廃止のきっかけをつくった**人物でもあるのだ。

ボアソナードが拷問を廃止しようとしたのは、全くの偶然だったとされている。

1875年4月、司法省内に設けられた明法寮（法学校）で講義を行うため、裁判所の近くを通ったボアソナードは、施設の中から聞こえる男の悲鳴に気がついた。

事件かと思い、裁判所へ入ったボアソナードは、そこで恐るべき光景を目の当たりにする。被疑者に対し、複数の役人が次々と石を積み上げていたのだ。残酷な現場を目撃したボアソナードは、**あまりの恐怖に泣き叫び、何事かと駆けつけた裁判官に抱きつき助けを求めた**という。

この偶然がボアソナードの心に火をつけた。その日のうちに政府への意見書を作成し、拷問が国家に与える悪影響、及び自白重視の体制への批判を事細かに書き記したのである。

政府は法律顧問として一定の功績を残していたボアソナードの意見を無視できず、5月

お雇い外国人として来日したボアソナード。拷問の廃止から16年後、政府との契約が終了するとフランスへ帰国した

から拷問廃止の審議を正式に始めた。ボアソナードの意見書提出と時期を同じくして国内でも拷問撤廃の機運が高まり、外国と交渉していた陸奥宗光ら外交官からも、不平等条約撤廃には残虐行為の廃止が必要との報告が入り始めていた。

ボアソナードの拷問目撃から4年が経った1879年、政務決定を司る太政官による法令公布、いわゆる「太政官布告《だじょうかんふこく》」によって、拷問行為そのものが法的に禁止された。ボアソナードや拷問廃止論者の熱意が勝利した瞬間だった。

ただ、拷問が法律上なくなったからといって、治外法権を含む不平等条約の撤廃がすぐに実現したわけではない。不平等条約の一部解消は、日本の国際的発言力が高まる日清戦争の勝利まで、待たなければならなかった。

それに廃止されたはずの拷問も、警察が手段を変えつつ秘密裏に行い続けていた。次項で紹介するように、昭和初期には思想犯取り締まりと称して、警察によって厳しい拷問が行われていたのである。

恐るべき拷問と処刑　その84

過酷な拷問を行った戦前の警察組織とは？

古くから多くの人々を苦しめてきた拷問は、徳川幕府崩壊後に見直され、1879年には法的に禁止された。しかし、それで拷問がなくなったわけではない。全ての警官が法律を守ったわけではなく、**密室では変わらず拷問による取り調べが行われていた**からだ。

例えば1884年9月23日、政府に不満を抱いた自由党員・河野広躰《こうのひろみ》と15人の同志が爆弾で武装し、茨城県の加波山《かばさん》に立てこもるという事件が起きた。人々に武力蜂起を呼びかけて警察署を襲撃した河野らに、警官隊は応戦。双方から死傷者が出るほど戦闘は激しさを見せた（加波山事件）。

戦闘後、加波山に立てこもった反乱グループは逮捕された。さらに事件前に負傷し、蜂起に参加できなかった17人目のメンバーも逮捕されている。それが鯉沼九八郎《こいぬまくはちろう》である。

鯉沼は事件時、病院に入院していたが、彼の存在を知った警察は河野らの情報を得るべく病室を襲撃。そして警察は、**鯉沼の妻を連行し、取調室にて過酷な拷問にかけた**のだ。

本人を痛めつけるのではなく、伴侶を傷つけることで鯉沼の心を折ろうとしたわけだ。

警官は妻の衣服を剥ぎ取り、**逆さ吊りにして棒で滅多打ちにした。さらには盥《たらい》に水をはってその上をまたがせ、精神的に追い込むことまであった**という。妻は釈放されたものの、拷問は2日間にも及び、鯉沼は裁判にかけられて有罪判決が下された。

このように、明治時代も影で拷問は続けられてはいた。ただ、法規制の影響は大きく、死者が出るまで行われることはなかった。

特別高等警察（特高）の検閲課。特高は 1928 年から 1945 年まで全国の警察署に設置された

こうした状況が一変したのが、大正時代である。１９２５年、反体制派の弾圧を目的とした治安維持法が成立、１９２８年には思想犯の取り締まりを行う「特別高等警察」、通称「特高《とっこう》」が全国的に編成されたのだ。

特高は治安維持法に基づき、政府に異議を唱える人物や勢力を取り締まった。中でも天皇制の廃止を訴える共産主義者には、一切容赦をしなかった。

取り調べにおいて、拷問は日常的に行われた。竹刀で体を打つのはまだ楽な方で、**焼けた鉄を被疑者**

の体にあてがう、天井から吊るして革製の笞《むち》で体を打つ、さらには針で全身をめった刺しにすることもあったという。

時には厳しい拷問を受け、命を落とす者もいた。有名なのは、『蟹工船《かにこうせん》』の作者として知られるプロレタリア文学者の小林多喜二《こばやしたきじ》だろう。小林は特高による幾度もの暴行に耐え切れずに死亡。**その遺体は全身が痣《あざ》だらけ、指の骨は全て砕かれた状態**だった。

小林は、公式には病死だと発表された。拷問死する被疑者は少なくなかったが、どれほど暴行の痕が見られたとしても、特高や政府は病死または変死と断定していた。これは政府が特高の拷問を黙認していたことに他ならない。拷問と自白強要――特高の取り調べは、江戸時代のキリシタン弾圧が再来したかのように苛烈だった。

また、特高の手は、新興宗教に及ぶこともあった。

1933年7月、仏教系の新興宗教「日蓮会」の青年部が、横浜から説法の旅に出発した。楽器を打ち鳴らしながら「(我が祖国のために) 死のう！ (我が主義のために) 死のう！」などと叫びながら街々を行く面々。不気味に思った人々が通報したことで、全員が警察に連行された。

その後、信者たちを待っていたのは、特高による容赦のない拷問だった。日蓮会に国家転覆の意図はなかったとされるが、タイミングが悪かった。騒動の前年に犬養毅《いぬかいつよし》首相が海軍将兵らに襲撃殺害される「五・一五事件」が起きていたことから、特高は警戒態勢を強化していた。そんなときに不自然な集団が現れたことから、特高は彼らにテロリストではないかと疑い、木刀や火箸による拷問を行ったのである。

なお、小林多喜二とは異なり、彼らは全員が釈放された。その数年後、日蓮会のメンバー5名が都内五ヶ所で割腹をする事件（死のう団事件）が起き、社会に大きな衝撃を与えた。

現代では、戦前のような恐ろしい拷問は全面的に禁止されている。ただ、戦後間もない時期には警察が自白を引き出そうと拷問を行うことがあったし、近年でも、警察による行き過ぎた取り調べが問題視されることがある。拷問が過去の話だと言い切れるようになるまでは、まだまだ時間がかかるのかもしれない。

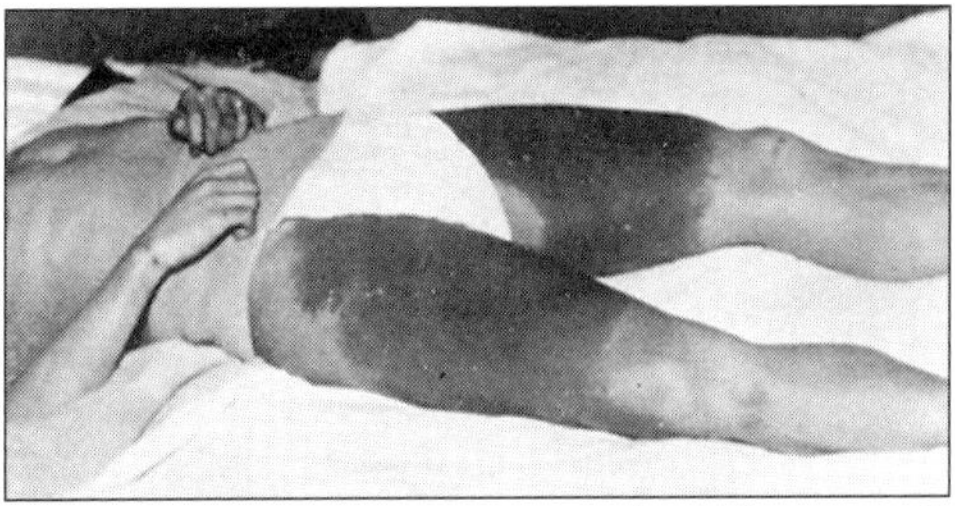

プロレタリア作家の小林多喜二は、治安維持法によって検挙され、拷問された末に死亡。太腿が黒く変色するほど激しい拷問を受けた

恐るべき拷問と処刑　その㊺

拷問まがいの行為が現在の日本でも行われている？

拷問という野蛮な方法で罪を認めさせることは、人権を重んじる現代にあってはならない行為だ。だが、20世紀、そして21世紀に入っても、拷問まがいの取り調べは行われていた。その最たる例であり、戦後の警察捜査史上最大の汚点として今なお語られるのが、紅《くれ》林《ばやし》麻雄によるデッチ上げ捜査だ。

1940年代、国家地方警察静岡県本部（後の静岡県警）の刑事だった紅林麻雄は、数々の事件を解決に導いた名刑事として名高く、表彰も数百回受けていた。しかしその実態は、**激しい拷問による自白の強要や証拠捏造で無実の被疑者を殺人犯に仕立て上げる**という、あきれた刑事だった。しかも、紅林自身は自ら手を下さず、様々な拷問を考えては部下に実行させていた。

例えば1948年11月、静岡県磐田《いわた》郡《ぐん》幸浦村《さちうらむら》（現在の袋井市）で、一家4人が絞殺される事件が起きたときのこと（幸浦事件）。捜査に行き詰まった紅林は別件で捕まえた男性4人に対し、焼いた火箸を手や耳に押しつけるなどの激しい拷問で自白を強要。結果、1950年の静岡地裁では**4人のうち3人に死刑判決が下された**。

また、1950年1月に静岡県二俣町《ふたまたちょう》（現在の浜松市）で起きた「二俣事件」と呼ばれる一家殺害事件でも、紅林は被疑者に対して殴る蹴るの拷問を行い、自白を強要・誘導して真犯人としてデッチ上げた。

この事件からわずか4カ月後にも、静岡県小島村（現在の静岡市清水区）で主婦が斧で殺された「小島事件」の捜査において、紅林は拷問を部下に指示。事件当日のアリバイがあったにもかかわらず、被疑者は拷問のすさまじさから無実を主張できず、**「死刑を覚悟で犯行した」という内容の供述書まで書かされている**。

そんな非人道的な行動が世に知られるようになったのは、二俣事件で紅林の部下だった刑事が、歪んだ捜査法を新聞や法廷で告発したからである。これにより、**二俣事件の被疑者は死刑から一転、無罪が言い渡され、幸浦事件、小島事件でも無罪が確定**した。

国家地方警察静岡県本部の紅林麻雄は、取り調べに拷問まがいの行為を用い、数多くの冤罪を生み出した

紅林は世間からの大バッシングもあって、警察を辞職。それから1カ月半後、脳出血で死亡している。

静岡県警では彼の死後も、「紅林流」とも呼ぶべき取り調べが行われ続けた。有名な「袴田事件」も、静岡県警の悪しき慣習が生んだ冤罪事件だという見方が強い。

1966年、強盗殺人放火事件の被疑者として静岡県警に逮捕された袴田巖氏は、取り調べで殴る蹴るなどの暴行を受けた。取調室で糞尿の垂れ流しをさせられるなど、過酷な拷問を受け続け、自白強要に追い込まれて裁判では死刑を言い渡された。

ところが2011年、血液の再鑑定でDNA型の不一致が判明。2014年3月には、静岡地裁が再審開始と、死刑・拘置の執行停止を決定し、袴田氏は釈放された（ただし、再審開始に関しては即時抗告され審理中につき2021年1月現在未確定）。こうして死刑は免れたものの、**恐るべきことに45年間もの間、袴田氏は収監されていた**。死刑囚の拘束期間として世界最長記録である。

21世紀になっても、強要まがいの取り調べは行われていた。それが、2003年に鹿児島県で起きた「志布志《しぶし》事件」だ。

取り調べを受けたのは、県議会議員選挙の票集めのため、住民に現金を配ったなどの容疑で起訴された13名。取り調べは最長で395日間に及んだが、その内容は一方的に自白を強要するものだったとされる。

逮捕された人の証言によると、捜査を担当した刑事は机を叩いて脅す、恫喝するなどを朝から晩まで続けたという。刑事は家族からのメッセージに見立てて「そんな息子に育てた覚えはない」「早く正直なじいちゃんになってね」などと紙に書き、被疑者に無理矢理踏みつけさせたという。まさに**現代版「踏み絵」**である。それでも被疑者たちは自白を拒否し、証拠不十分で起訴された12人全員（1人は公判中に病死）は無罪となった。

物的証拠が重視される現在でも、犯人しか知り得ない事柄を被疑者が供述すれば、有罪の大きな決め手となる。そのため、手荒な取り調べで自供を引き出そうとする事例が後を絶たないのだ。

また、被疑者を警察署内に長期間勾留できる日本特有の代用監獄制度も、問題視されている。他の先進国に比べ、期間が最大23日間と非常に長く、しかも別件逮捕での延長も可能である。実際に重罪を犯した者が含まれているケースは多いが、だからといって人権を侵害するような処置が許されていいのかと、非難の的になることもある。

警察には透明性のある捜査と時代に即した法整備のもと、適切な取調べを行ってほしいものである。

図版出典

『徳川幕府刑事図譜』: p14, p19, p21, p25, p29, p43, p55, p57, p63, p115, p139, p144-145, p171, p172, p175, p191, p195, p199, p203
『刑罪大秘録』(国会図書館所蔵): p23, p59, p137, p151, p179(左), p180
『徳鄰厳秘録』(国立公文書館所蔵): p12-13, p52-53, p106-107, p179 (右)

主要参考文献

「『図説』日本拷問刑罰史」笹間良彦著(柏書房)/「江戸牢獄・拷問実記」横倉辰次著(雄山閣)/「拷問刑罰史」名和弓雄著(雄山閣)/「残酷の日本史」井上和夫著(光文社)/「図説 拷問全書」秋山裕美著(筑摩書房)/「キリシタン拷問史」津山千恵著(三一書房)/「冤罪の戦後史 つくられた証拠と自白」佐藤友之・真壁旲著(図書出版社)/「ボワソナアド 日本近代法の父」大久保泰甫著(岩波書店)/「治安維持法と特高警察」松尾洋著(教育社)/「日本キリシタン殉教史」片岡弥吉著(時事通信社)/「江戸東京職業図典」槌田満文編(東京堂出版)

日本で本当にあった 拷問と処刑の歴史

2021年 4月 1日 第1刷

編　者　日本史ミステリー研究会

製　作　オフィステイクオー

発行人　山田有司

発行所　株式会社彩図社

〒170-0005
東京都豊島区南大塚3-24-4 MTビル
TEL 03-5985-8213　FAX 03-5985-8224

URL : https://www.saiz.co.jp/
Twitter : https://twitter.com/saiz_sha

印刷所　新灯印刷株式会社

©2021.Nihonshi Misuteri Kenkyukai Printed in Japan. ISBN978-4-8013-0512-0 C0195

乱丁・落丁本はお取り替えいたします。(定価はカバーに表示してあります)
本書の無断複写・複製・転載・引用を堅く禁じます。
本書は、2015年6月に小社より刊行された『日本で本当に行われていた 恐るべき拷問と処刑の歴史』を修正の上、文庫化したものです。